大祓詞の心

大祓詞の解釈と信仰

序　改訂版発行に際して

「大祓詞」は、神社祭祀の中で、年間を通じて最も奏上される神拝詞の一つです。そして本書で岡田米夫先生が詳細に指摘されているように、その成立は古く、奈良時代に遡り、歴史的に最も愛唱されている神拝詞であると言えます。

本書の原本は、昭和三十七年、当時神社本庁の調査部長をつとめられた岡田米夫先生にご指導、ご協力を仰ぎ、『大祓詞の解釈と信仰』の書名で神社新報社より刊行させて戴きました。以後、五十有余年の長きに亙り、全国の神社に於いて日々神前で奏上される「大祓詞」の解説書、更には神社神道に於ける信仰的位置付けを説いた好著として読み継がれて参りました。

昨今では一般書店から「大祓詞」の解説書なども刊行される時代となりましたが、今般、本書改訂の話があり、あらためて再読致しますと、皇学の雄として名を馳せた岡田米夫先生のお人柄と、日本人誰もが心の深層に留めている信仰的生き方が、端々から滲み出る良書であると実感致しました。

そこで読者に岡田先生が説かれる「大祓詞」の心をより多くの方々に伝えることを目的に、旧版を廃し、読み易さを考慮して改訂版を発行させて戴くことと致しました。いま日本の社会は大きな変革期を迎えようとしています。一人ひとりが、眼前の出来事に追われ続ける現代社会に於いてこそ、神社神道の信仰的根幹である「心の清浄」を語りかける本書の価値は高く、初版の刊行から半世紀が経ても、未だ多くの人々の心を惹きつける魅力を有していると確信致します。

また全国の神社では、六月と十二月の晦日に「大祓式」が斎行されます。この式では「大祓詞」の原形となる祭文が参列される方々に向かって奏上され、わが身に積もり、宿った罪穢れを祓い浄め、清々しい心持ちで日々の生活をおくることを願います。

神社祭祀の伝統に鑑みた時、「大祓詞」は、中核を担ってきた重要な神拝詞です。本書が現任神職はもとより、神職を志す者、更には氏子崇敬者の方々への一助となり、神社神道に関する理解が深まりますことを祈念申し上げ、改訂版発行に際しての序とさせて戴きます。

平成二十五年七月一日

神社新報社社長　小　串　和　夫

はしがき

神社の祭祀、または祈祷には、必ずお祓が行われる。では何故、お祓をしなければお祭りにならないのか。本書はこの課題に答え、お祓がやがて、祭と表裏一体のものであることを解明するにつとめた。特に大祓詞は、神職並びに心ある人々は、毎朝神前でお唱えしている。そこで、大祓詞の真意を解明することが、この問題の解決に、大きな役割を持つことに着目し、かねてから調べたり、書いたりしたものを、さらに整理して、一冊にまとめたものである。

最初の「大祓詞について」は、昭和三十六年十一月五日から同十二月三日までの間五回にわたり、読売新聞の宗教欄に執筆したもので、大祓詞解説の総論に当る。

次の「大祓詞の解釈」は、諸所で講義した資料稿本を補訂したものである。最後の「大祓詞と神杜信仰」は、かつて靖國神社にて講演した速記録に筆を加えたものであって、これはきわめて平易な、誰にも解るよう一般向きを期したものである。

以上の内容なので、本書は斯道に関係のある方はもちろん、一般の人々にも読んでいただきたく、ただ説述中で、考えの足りないところ、言い足りないところは、今後私もよく考えるが、読者においても、これを一つの足掛りとして研究を進め、さらに新しい展開を示されるならば、著者としてこれに越した仕合わせはない。

昭和三十七年六月三十日　大祓の日に

神社本庁調査部長　岡　田　米　夫

凡例

一、本書は、昭和三十七年七月一日に初版を発行した『大祓詞の解釈と信仰』を平成二十二年二月一日印刷の二十六版を以て絶版とし、内容を平易に改訂するとともに、書名を『大祓詞の心』に改め、副題を「大祓詞の解釈と信仰」として刊行する書籍である。

一、旧版は、岡田米夫先生の「はしがき」にあるように、昭和三十六年に読売新聞に連載した原稿、先生の資料、講演録をもとに刊行された。改訂作業を進めるにあたり、執筆者の岡田米夫先生が物故されていることから、極力、先生の信仰的な御意見を尊重しながら当社調査室にて改訂作業を行った。

一、旧版では判形がB六判であったが、読み易さを考慮しA五判とし、それに伴って本文の活字の級数も十二級とした。

一、改訂に伴い新たに序文を付し、巻末に旧版との変更点等を明らかにするため編集後記を添えた。

一、冒頭の大祓詞の本文については、諸本により漢字、仮名遣等の異同はあるが、旧版を尊重し改訂は加えていない。

一、本書の主要部分である第二章は、岡田先生の研究ノートをもとに大祓詞の本文、及び関連事項を項目立てて解説した章である。今般改訂版の発行に際し、読者の便宜を図る為、新たに「項目索引」を付した。

一、改訂作業は、主に以下の点を考慮し行った。

Ⅰ 前記の通り、本書各章は成立ちを異にすることから、旧版に於いては重複する記述が多数散見された。従って今般の改訂に際して、読者の読み易さを配慮して、内容を尊重しながら重複する記述等を整理した他、文章表現を改めた。

Ⅱ 前項に関連して、一部章立てを変更すると共に、改訂版では、執筆者の岡田米夫先生の経歴を巻末に新たに付した。

Ⅲ 旧版は、新仮名表記であったが促音処理がなされていなかった為、読み易さを考慮し促音表記とした。

Ⅳ 旧版に於いては、祭神名などの固有名詞の表記が『古事記』『日本書紀』及び片仮名表記など混在状態であったことから、原則として神社新報社が発行する『神典』所載の『古事記』に極力統一した。

Ⅴ　旧版では、何らかの事情で省略されていた古典からの引用箇所、及び誤記等について、前出の『神典』及び『大祓詞註釈大成』等を参考に極力補った他、新たにルビを付すなど、整理作業を行った。

平成二十五年七月一日

神社新報社調査室

目次

大祓詞（神社本庁版）

高天原《たかまのはら》に神留《かむづま》り坐《ま》す　皇親《すめらがむつ》神漏岐《かむろぎ》　神漏美《かむろみ》の命《みこと》以《も》ちて　八百万《やほよろづの》神等《かみたち》を　神集《かむつど》へに集《つど》へ賜《たま》ひ　神《かむ》議《はか》りに議《はか》り賜《たま》ひて　我《あ》が皇御孫命《すめみまのみこと》は　豊葦原水穂国《とよあしはらのみづほのくに》を　安国《やすくに》と平《たひら》けく知《し》ろし食《め》せと　事依《ことよ》さし奉《まつ》りき　此《か》く依《よ》さし奉《まつ》りし国中《くぬち》に　荒振《あらぶ》る神等《かみたち》をば　神問《かむと》はしに問《と》はし賜《たま》ひ　神掃《かむはら》ひに掃《はら》ひ賜《たま》ひて　語《こと》問《と》ひし磐根《いはね》　樹根立《きねたち》　草《くさ》の片葉《かきは》をも語止《ことや》めて　天《あめ》の磐座放《いはくらはな》ち　天《あめ》の八重雲《やへぐも》を　伊頭《いつ》の千別《ちわ》きに千別《ちわ》きて　天降《あまくだ》し依《よ》さし奉《まつ》りき　此《か》く依《よ》さし奉《まつ》りし四方《よも》の国中《くになか》と　大倭《おほやまと》日高見国《ひだかみのくに》を安国《やすくに》と定《さだ》め奉《まつ》りて　下《した》つ磐根《いはね》に宮柱《みやばしら》太敷《ふとし》き立《た》て　高天原《たかまのはら》に千木高知《ちぎたかし》りて　皇御孫命《すめみまのみこと》の瑞《みづ》の御殿《みあらか》仕《つか》へ奉《まつ》りて　天《あめ》の御蔭《みかげ》　日《ひ》の御蔭《みかげ》と隠《かく》り坐《ま》して　安国《やすくに》と平《たひら》けく知《し》ろし食《め》さむ国中《くぬち》に成《な》り出《い》でむ天《あめ》の益人等《ますひとら》が　過《あやま》ち犯《をか》しけむ種種《くさぐさ》の罪事《つみごと》は　天《あま》つ罪《つみ》　国《くに》つ罪《つみ》　許許太久《ここだく》の罪《つみ》出《い》でむ　此《か》く出《い》でば　天《あま》つ宮事《みやごと》以《も》ちて　天《あま》つ金木《かなぎ》を本打《もとう》ち切《き》り　末打《すゑう》ち断《た》ちて　千座《ちくら》の置座《おきくら》に置《お》き足《た》らはして　天《あま》つ菅麻《すがそ》を本刈《もとか》り断《た》ち　末刈《すゑか》り切《き》りて　八針《やはり》に取《と》り辟《さ》きて　天《あま》つ祝詞《のりと》の太祝詞事《ふとのりとごと》を宣《の》れ

此《か》く宣《の》らば　天《あま》つ神《かみ》は天《あめ》の磐門《いはと》を押《お》し披《ひら》きて　天《あめ》の八重雲《やへぐも》を伊頭《いつ》の千別《ちわ》きに　千別《ちわ》きて聞《き》こし食《め》さむ　国《くに》つ神《かみ》は高山《たかやま》の末《すゑ》　短山《ひきやま》の末《すゑ》に上《のぼ》り坐《ま》して　高山《たかやま》の伊褒理《いぼり》　短山《ひきやま》の伊褒理《いぼり》を掻《か》き別《わ》けて聞《き》こし食《め》さむ　此《か》く聞《き》こし食《め》してば　罪《つみ》と言《い》ふ罪《つみ》は在《あ》らじと　科戸《しなど》の風《かぜ》の天《あめ》の八重雲《やへぐも》を吹《ふ》き放《はな》つ事《こと》の如《ごと》く　朝《あした》の御霧《みぎり》　夕《ゆふべ》の御霧《みぎり》を　朝風《あさかぜ》夕風《ゆふかぜ》の吹《ふ》き払《はら》ふ事《こと》の如《ごと》く　大津辺《おほつべ》に居《を》る大船《おほふね》を　舳《へ》解《と》き放《はな》ち　艫《とも》解《と》き放《はな》ちて　大海原《おほうなばら》に押《お》し放《はな》つ事《こと》の如《ごと》く　彼方《をちかた》の繁木《しげき》が本《もと》を　焼鎌《やきがま》の敏鎌《とがま》以《も》ちて　打《う》ち掃《はら》ふ事《こと》の如《ごと》く　遺《のこ》る罪《つみ》は在《あ》らじと　祓《はら》へ給《たま》ひ清《きよ》め給《たま》ふ事《こと》を　高山《たかやま》の末《すゑ》　短山《ひきやま》の末《すゑ》より　佐久那太理《さくなだり》に落《お》ち多岐《たぎ》つ　速川《はやかは》の瀬《せ》に坐《ま》す瀬織津比売《せおりつひめ》と言《い》ふ神《かみ》　大海原《おほうなばら》に持《も》ち出《い》でなむ　此《か》く持《も》ち出《い》で往《い》なば　荒潮《あらしほ》の潮《しほ》の八百道《やほぢ》の八《や》潮道《しほぢ》の潮《しほ》の八百会《やほあひ》に坐《ま》す速開都比売《はやあきつひめ》と言《い》ふ神《かみ》　持《も》ち加加呑《かかの》みてむ　此《か》く加加呑《かかの》みてば　気吹戸《いぶきど》に坐《ま》す気吹戸主《いぶきどぬし》と言《い》ふ神《かみ》　根国《ねのくに》　底国《そこのくに》に気吹《いぶ》き放《はな》ちてむ　此《か》く気吹《いぶ》き放《はな》ちてば　根国《ねのくに》　底国《そこのくに》に坐《ま》す速佐須《はやさす》良比売《らひめ》と言《い》ふ神《かみ》　持《も》ち佐須良《さすら》ひ失《うしな》ひてむ　「此《か》く佐須良《さすら》ひ」失《うしな》ひてば　罪《つみ》と言《い》ふ罪《つみ》は在《あ》らじと　祓《はら》へ給《たま》ひ清《きよ》め給《たま》ふ事《こと》を　天《あま》つ神《かみ》　国《くに》つ神《かみ》　八百万神等共《やほよろづのかみたちとも》に　聞《き》こし食《め》せと白《まを》す

第一章　大祓詞について

大祓詞について

罪をあがなう悲願

大祓詞《おおはらえのことば》は、古くは中臣《なかとみ》の祓詞とも呼ばれました。この詞は『日本書紀』に、中臣氏の祖天児屋《あめのこやねの》命《みこと》が、その「解除《はらえ》の太諄辞《ふとのりと》」をつかさどったとあるのを初見とします。そして斎部広成《いんべのひろなり》が平安時代初期に撰じた『古語拾遺《こごしゅうい》』にも、「中臣祓詞」あるいは「中臣 禊 詞《なかとみのはらえのことば》」と見えているので、奈良時代以前から既に存在していたことが知られています。従って大祓詞は、神社信仰の唱え詞としては千二百年前から今に至るまで、最も長い生命を持ちつづけています。

神社信仰は日本民族が伝統的に、かつ発展的に持ちつづけて来たもので、『古事記』『日本書紀』『古語拾遺』という古典は、わが民族の神々の信仰を基盤とし、その上に民族の性格・体質・骨格を育て、かつそれらのあり方を述べたものです。この大祓詞も、これら古典の成立と時と性格を同じくし、その間に章句が整理されたため、古典と同じ体質をその中に持っています。そのために、この詞は、民族の信仰と同時に、民族の発展のあり方をも物語ったものといえましょう。

大祓詞の筋は、民族祖神の言葉を中軸として語り伝えられています。これは誰が作ったものか明らかではありません。ということは、民族全体がこの詞を民族信仰の詞として、支持して来たことを物語っています。神社の信仰には教祖、教義はありませんが、ないということは、特定の個人がこれを説き始めたものでなく、民族がその体質のうちから皆で発散し、皆で受けとめて来たものであることを意味します。

大祓詞は約八百字弱の字数から成り立っており、仏教の聖典である般若心経の二六六字に比べれば、およそ三倍の字数です。しかし、これだけの短文で、日本民族の信仰及びその生活の知恵の要点だけは余さずこれを盛っています。今、この大祓詞について述べる前に、直接的なつながりを持つ古典に見える祓いの問題について、その起源を述べます。

祓いの起源は『古事記』『日本書紀』によれば二つの伝承があります。一つは、母なる祖神《おやがみ》、伊邪那美命の死を悲しんで、その夫神たる伊邪那岐命が死後の国に、伊邪那美命を訪れたところ、その醜い亡骸《なきがら》を見、それに触れた穢《けがれ》を祓い清めるために、筑紫の日向の橘の小戸檍原《あわぎはら》に出でまして禊祓いをされました。その祓いの結果、御子として天照大御神が、禊の締めくくりをするために現われます。この伝承は、祓いとは最も悲しい死の問題を解決するためのものであり、そのためには天照大御神の御出現を仰がねばならないことを意味します。

元来、祓いとは穢を去って清浄になること、その清浄の究極は神から授けられた本来の自己、即ち神の心に帰ることです。人生最大の悲しみである死の問題を契機として、本来の自己、人生のあり方を明らかにするのが祓いであり、それが天照大御神の使命でもあると理解することができます。

古典に示された祓いの第二の伝承は、天照大御神の弟、須佐之男命が生命の根である稲の収穫を阻止したり、神祭りのための神聖な場所をけがしたり、最後には天斑馬《あめのふちこま》を生きはぎ、逆はぎにして、清らかな服屋《はたや》に投げ込まれるなど数々の罪をおかされました。その結果、『古事記』によると、機織女《みそおりめ》は驚き、機織りの梭《ひ》に陰上《ほと》をついて死去されたと伝えます。そして天照大御神が世にいう天岩戸に隠れることになられました。この神隠れは、国つ神、須佐之男命の罪を、天照大御神が徹頭徹尾自らあがなわれ、身を隠されたことを意味します。天照大御神は須佐之男命の罪を責められず、その改悛《かいしゅん》を最後まで期待されるとともに、常に「むつまじき心をもちて相許し給う」という大きな慈愛と包容力とをもって罪を許し、あがなわれたと『日本書紀』は伝えています。

この神隠れした大神の再出現を祈るのが天岩戸の祭りであって、その祈りの果てに天照大御神は再び復活され、世にいう天の岩戸開きとなります。それ以後、天照大御神は永遠に生き神として、輝かしい御光を私たちの上に投げかけておられるのです。

祓いとは穢をあがない、新しい生命の出現と発展とを祈るものです。伊邪那美命は人々の罪、不幸を、死をもってあがなわれました。その魂の源泉は天照大御神に引きつがれます。そして天照大御神は須佐之男命の罪をあがなうために、一度は神隠れされますが、再び復活されて、人々に「温かい手をさしのべられ、人々の罪を許す神」として今に至り、私たちの上に輝きわたられているというのが、民族古典の示すところです。

この天照大御神の御心を継がれることが、その御子孫たる歴代天皇の大きな使命です。明治天皇は「罪あらば　我を咎めよ　天津神　民は我が身の　生みし子なれば」と歌われ、また昭和天皇は終戦に際し、マッカーサーに対して「わが身はどうなってもかまわぬ。国民を救ってほしい。」と仰せられたといわれます。この国民の不幸を御自身の責任と感じ、身をもってあがなわれようとの陛下の大御心こそ、天照大御神が国つ神の罪を死をもってあがなわれた尊い救いの再現であります。祓いには、このようにして大きな慈愛をもって、新しい人生を創造し、人々の罪を進んであがなう救いと悲願とがこめられています。

「慢心」「わがまま」を去る

大祓の行事には、個人の祓いはもとより、社会全体の祓いを終局の目的とします。神道では特定の個人だけが救われれば、それで良いという考え方はありません。神社が、村落の協同生活の中で生まれ、氏子全体によって支持されて来たのはそのためです。

祓いには、祓われるものとことが前提となります。祓った結果が、清・正・善であるなら、祓わない前は穢・悪・罪となります。では神社神道に於いて何を罪穢と見たか。大祓詞および記紀二典は、罪穢の内容と原因とを次のように述べています。

先ず、祓いの最初の原因となった伊邪那美命の黄泉の国に関する神話伝承を考えてみましょう。伊邪那美命の死の不幸は、「火の神」を生んだためだとしていますが、思うに、火の発見は一面、科学文明の発達に大きな寄与をもたらしました。しかしその反面、人々に思わぬ不幸と苦しみを与えました。延暦年間に撰録された伊勢神宮『皇太神宮儀式帳』には、国津罪の一つに「火焼」の罪をあげています。今も昔も火災の災害には計りがたいものがあり、極点に達すれば、恐るべき原子爆弾、原子核の爆発にまで及びます。人類の死滅がこれによって引き起こされる悲惨事は、火がもたらす可能性があります。火の災いによる不幸、悲しみは、罪の最大なものといえます。火の悪用が人間に死をもたらすことから、罪悪の根源であると見た古典の暗示には、顧みてよいものがあります。

この不幸、罪から人々が救われるためには、古典は罪の自覚の上に立って、大祓をせねばならないとしました。『古事記』によると伊邪那岐命は黄泉の国から帰り、筑紫の日向の橘の小戸の檍原で、穢を祓うために禊祓《みそぎはら》いをされました。禊祓いとは、水につかって心身を清めるいわゆる沐浴（洗礼）です。その清め方は、自らが犯した八十禍津日《やそまがつひ》と大禍津日《おおまがつひ》とを、まず反省することから始まります。

禍津日とは罪穢のことで、人が一生の間に犯す沢山の罪穢が八十禍津日であり、その中で最大の罪穢が大禍津日に当たります。この双方の罪穢が、禊祓うべき最初に数えられていることは、罪の存在と自覚が、祓いの第一歩であることを意味しています。またこの罪穢に禍津日神という神名を与えたことは、一見、異様な感を与えますが、罪穢がいかに自分をそこなうものであるか反省を促すためには、その存在がかえって神的な役割を果たしている意味にも着目されます。

このように、祓いはまず罪穢に対する自覚に始まりますが、その禍（罪穢）を直すためには、神直《かんなお》毘神《びのかみ》、大直毘神《おおなおびのかみ》の出現が要請されます。直毘とは、罪穢を祓い捨て、本来の自己を恢復《かいふく》向上するための努力をいいます。しかし正しい自己の確立は、生やさしいことではありません。自己としては最大の努力「大直毘」をなすべきですが、それと同時に、内よりわき起る目に見えない力「神直毘」の加護によって初めて事は成就します。

また祓いが真に確立されるためには、強固な意志、不動の信念（伊豆能賣神《いづのめのかみ》）による精進がなければなりません。かくて禊祓いが、上中下三段にわたって行なわれたということは、正義の実現はうわべだけでなく、腹の底から実践体得する以外にないことを教えています。こうして、初めて天照大御神の御出現を拝しうるのだと、『古事記』の禊祓いの段は結んでいるのです。

すなわちこの段の究極は、天照大御神の御心に帰一《きいつ》するためにあり、天照大御神の親神たる伊邪那岐、伊邪那美命は、死という不幸、悲しみから人々が立ち直り、これを克服する道は、禊祓いの実行によって、天照大御神の御手にすがる以外にないことを順追って教えたものといえます。

次に記紀及び大祓詞に物語られている罪穢の種類を見ると、そこには天つ罪・国つ罪の数々が記載されています。天つ罪とは、畔放《あはなち》、溝埋《みぞうめ》、樋放《ひはなち》、頻蒔《しきまき》、串刺《くしさし》、生剝《いきはぎ》、逆剝《さかはぎ》、屎戸《くそへ》の罪で、以上は神から授かった人間の生命はもとより、神から授かった「稲」をはじめ五穀の生産を阻害し、神を祀る神聖な場所を穢すこと等をあげて罪としています。

次に国つ罪とは、大祓詞には、生膚断《いきのはだたち》、死膚断《しにはだたち》、白人《しろひと》、胡久見《こくみ》、己が母犯せる罪、己が子犯せる罪、母と子と犯せる罪、子と母と犯せる罪、畜《けもの》犯せる罪、昆虫《はうむし》の災、高津神《たかつかみ》の災、高津鳥の災、畜仆《けものたお》し、蠱物《まじもの》せる罪等をあげています。これらは、皮膚に傷を負わせ、不倫、姦淫《かんいん》、獣婚から、蛇、ムカデ、雷災、まじないをして人を害し、あるいは他人の家蓄をのろい倒す等の罪まで列記しています。一言でいえば、人倫にそむき人に害ある行為を一括して罪としたものです。

これらの罪は、記紀によると、須佐之男命が「人を凌《しの》ぎ侮《あなど》る心」から起こったと伝え、原因を命の「慢心」と「わがまま」に求めています。これはやがては、天照大御神の天の岩戸隠れの原因となり、

「慢心」と「わがまま」こそは、人間の罪の最大なものだとされています。天照大御神の禊祓いによる「出現」といい、天の岩戸開きに見る「復活」ということも、結局は、人々が「慢心」と「わがまま」を祓い去り、本来の自己に帰ることが、真の「祓え」であることを教えたものにほかなりません。

祖神のミコトモチ

大祓詞はその冒頭から、祖神の言葉として語られています。すなわち冒頭に「高天原に神留まり坐す　皇親神漏岐　神漏美の命以ちて」とあるのがそれです。「神漏岐」「神漏美」とは、男女の祖神をさし、「命以ちて」とは、その御言葉、御命令でという意味です。大祓詞は、祖神に権威の根源を認め、祖神の言葉を伝えたものといえましょう。

　さて、ここにいう祖神とは、記紀によると、高御産巣日神《たかみむすびのかみ》（書紀　高皇産霊尊）と神産巣日神《かみむすびのかみ》（書紀　神皇産霊尊）とを第一の祖神とします。この二神は「産霊《むすび》」すなわち創造化育と生成発展の力の根源を示す造化の神に相当します。すべてのものを生み、育て、伸ばす力は、この神本来の力であり、私たちをはじめ世界のすべてのものは、この祖神の力によって、創造化育され、生成発展せしめられたとする考え方です。

産霊神《むすびのかみ》の内在力を受けつぎ、更にこれを目に見える世界に展開せしめた第二の祖神が、伊邪那岐、伊邪那美神です。この二神は、産霊の二神を内在的根源神だとすれば、その力を外に展開実現せしめた顕在神《けんざいしん》といえます。この産霊神と伊邪那岐、伊邪那美神の生成化育の力を、更に一身に兼ね備え、これを代表し統括されているのが第三の祖神、天照大御神です。以上の神々を古典では総称して祖神《おやがみ》と呼びました。特に天照大御神は「むつまじき心で、人々は互に許し合え」といって、慈愛と包容力の大きさを持たれていたことは、先に述べた通りです。

これら祖神の神徳をたたえた「皇親《すめむつ》」という形容詞のうち、「スメ」とは、祖神の神聖と清浄性とを表徴し、「ムツ」はその親睦《しんぼく》の徳を表徴します。すなわち「スメムツ」とは、人倫的に表現すれば、祖神は「清く、正しく、むつまじく」と祈る心を本願とされているのです。従って「皇親神漏岐神漏美」の八字の神号が持つ信仰的な意味は、「すべてのものが清く、正しく、むつまじい心を持って、すべてのものを生かし、伸ばし、育て、互いに手に手をとり合って、足らないところを助け合い、許し合って、生きて行く。」べきことを物語っています。

この祖神の心を心とし、生きて行くのが神道であり、これが神社信仰の本筋だといえましょう。さらに祖神の「命以ちて」とあるのは、神道とはこうした祖神の御心、御言葉を、金科玉条のものとして持ちいただき、実行して行くべき道であることをいったものです。神道とは、結局「祖神のミコトモチの道」であるといわれているのはそのためです。

では、祖神はどこにおられるのかというと、それは「高天原」です。高天原はどこかといえば、祖神の御心が以上のようであるならば、御心の根源であり、更にこれが展開しているところが高天原であると答える以外にありません。

それ故、神道では高天原すなわち神の御心にかなった世界を理想とし、この理想をこの国土に実現するのが、神の分身である自分たちのつとめだとします。さればこの祖神の理想を、この世の中にどう実現するかは、一つに私どもの双肩にかかっています。

大祓詞はこうした祖神の御心を、この国土に実現する使命を御心の継承者である天皇に委託されました。すなわち大祓詞は右の冒頭句に続いて

八百万の神等を　神集へに集へ賜ひ　神議りに議り賜ひて　我が皇御孫命は　豊葦原水穂国を
安国と平けく知ろし食せと　事依さし奉りき

として、そのあり方を示しています。右によれば皇御孫命《すめみまのみこと》、即ち天孫邇邇藝命《ににぎのみこと》を初め御歴代の天皇は祖神から、「ミコトモチ」の伝宣者として選ばれるとともに、その使命を果たすべき地位は、八百万の神々、すなわち国民全体の何度もの会合衆議を経て、神ながらに決定されたのだとしているのです。

さらに祖神は、天皇がその「ミコトモチ」の現実の代表者たりうるためには、二つの使命を果たさ

ねばならないとしました。その一つは、「平らけく　安らけき世」を作ることであり、他の一つは「知らす」の政治をなされることです。

第一の使命である「平らけく　安らけき世」を作ることは、祖神の御心が「清く、正しく、むつまじく」あることを念願されたのに対応するもので、天皇は結局、祖神の理想とするところを実行するように要請されたのです。第二の「知らす」の政治をするようにということは、これも祖神が常にわれわれの上を「見そなわし、聞こしめし、知ろし」めされているのと、同じ態度をとることを天皇に要請されたものです。今の言葉でいえば、政治については「知らす」（認承）の態度をとるように言われたのと同じです。

日本の天皇と政治とのあり方は、「ウシハク」、即ち権力によって国を治めるのではなく、「シラス」、即ち徳治に依るべきものであることが、祖神の言葉に託されて、ここに語られているのです。

道理の体得と実行

大祓詞はその冒頭に於いて、神の道をこの国土に実現するためには、天皇を中心として、国造りをすべきであることを述べています。そのうえで、進んでこの国土に於いて、もしも私どもが誤って罪を犯したならば、これをどう祓ったらよいか、その仕方を述べています。その罪や不幸の原因は、先に述べたように、ギリギリのところは、一つは「死」という不幸を契機としたものであり、一つは人々が「慢心」を持つことです。

こうした罪穢《つみけがれ》の祓い方について、大祓詞は二つの方法を示しています。一つは、祓いの道理を体得することであり、一つはその道理を実行することです。大祓詞に

此く依さし奉りし国中に　荒振る神等をば　神問はしに問はし賜ひ　神掃ひに掃ひ賜ひて　語問ひし磐根　樹根立　草の片葉をも語止めて

とあるのは、その前者です。既に述べたように、祓いは元来、不浄を祓って清浄な自己、すなわち神の心に帰ることにあります。それ故「荒振る神」とは、歴史的には「まつろわぬ者ども」をさしたものですが、信仰的には、時間、空間を越えて、神の道を信奉せぬものは皆「荒振る神」だとされました。神の道に従わぬものを祓い清めて、正しい心に復帰させるには「神問はしに問はし賜ひ」とあるように、まずその荒振る理由を問い正し、その不平を聞いてやることにより、道の順逆、事の正否を反省させることが大切だとされたのです。

ソクラテスは、人々が真理に対し、いかに無智であるかを反省させるために、何度も問い正し、問い正してその真智を啓発したと伝えます。大祓詞にいう「神問はしに問は」すことも同様です。ソク

ラテス、そして祓いも、真智を啓発することが肝要であることを示しています。

この社会は人間と物とから成り立っています。神は双方に、自らの分魂《わけみたま》を与えられました。すべてのものは神から生まれ、神の力が宿っているとするのが神社信仰です。それ故、この社会は人間だけが清くなれば、充分だというのではありません。自然物も本来の姿を維持し、発揮できなければ、神の正しい生成発展が行なわれているとはいえません。

大祓詞に見る祓いの道理が「荒振る神」(人間)を清めると同時に、自然物たる磐石《ばんじゃく》・樹木・草葉に至るまで、「語止めしめ」ねばならぬとしたのはそのためです。ここにある「語止めしめて」とは、神ながら言挙《ことあ》げせしめぬこと、すなわち余計なことや不平を言わないように計らうことです。自然物は自然物なりに使命を持ち、この世に存在しています。本来備わっている姿を発揮せしめるなら、不平を言わないはずです。そうでない時は、自然物といえども、心治まらないものがあるでしょう。生命をいとおしみ、それを伸ばしてやる心が、ここに滲み出ています。

祓いとは、人間だけが清められれば良いというのでなく、自然界(環境)をも清い姿、あるべき姿に置き直すことにより、自分も周囲も、すなわち全体を清き姿に立ちかえらせることが目的です。自然界を他人ごとと考えず、自分たちと生涯を共にする良き伴侶として愛した日本人の性格が、信仰にまでたかまった姿を祓いの中から見いだすことが出来ます。

この祓いの道理は、大祓詞をのせた『延喜祝詞式』に、同じように所載する「遷却祟神祭《たたるかみをうつしやらうまつり》」の祝詞にも見いだせます。この祝詞には、祟るもの、穢たものがあるときは祓いといっても、それはただ追い払えばそれでよいとは語られていません。「神和《かむやわ》し給ふ」のでなければならぬとしています。すなわち荒び、猛《たけ》り、祟るものがあるときは、そのものの心を和らげることにつとめなさいと記されています。次いで「此の地《ところ》よりは、四方《よも》を見晴《みはる》かす山川の清き地に遷り出でまして、吾が地とうすはきませ」とあり、一番見晴らしのよい場所、自分の最も希望する安住の地を与えなさいと記されており、それが祓いであると教えています。

人々に「所を得さす」こと自体が、祓いの具現化である道理を示したもので、更には祟るものには沢山のごちそうをしてもてなすし、飢えたものには食を与えよと教えているのです。祓いとは、衣食住について、安住と満足とを与えることであるとまで言い切っています。信仰は心の問題だけでなく、生活の上にまで暖かい手を差し伸べるのでなければ、人はついて来ません。祓いが人生の指針となり、今日まで生命を持ちつづけているのは、心だけの問題ではなく、実生活に通じうる道を開いているからです。

罪の自覚と反省

大祓詞が進んで人倫の教えとなると、延暦の『皇太神宮儀式帳』がいうように、具体的には「目に見、耳に聞き、口に言う言葉を忌み慎む」態度を採るようになります。自ら清い生活を送ろうとするものにとっては、消極的には、右の態度を採る以外にありません。しかし積極的には「大直毘、神直毘」の力を発揮し、正善の実現に邁進するのでなければ、生成化育の悲願は達成されません。では罪穢を犯したものは、どうしたら祓えるのか。犯した罪は、一面は祖神の悲願にすがり、その罪を贖ってもらうとともに、一面は自らも進んで罪の償いをする必要があります。

須佐之男命が、自ら犯した罪穢に対して「祓物《はらえつもの》」を出し、その罪の償いをしたという『古事記』の記載はこれを物語っています。ここにいう「祓物」とは、その罪の償いをする誠意を、代償物によって示したものです。誠意があるならば、それは形、実行の上に現わすべきであることを意味しています。この行為は『皇太神宮儀式帳』にいうように、その罪を「祓い清める」ために他ならないのです。

罪穢には意識して犯したものと、無意識のうちに犯している罪とがあります。自覚している罪は心に覚えのあることなので、進んでその罪を償い、祓い清めるべきです。『皇太神宮儀式帳』には、祭りに奉仕する人々は「後家（里邸）に於いて犯した種々の罪事を自ら申し明かし、祓いをせねばならぬ」

「罪事を自ら申し明かす」とあるのは、同書の別条に「人ごとに申し明かす」とあるのと同様に、自ら犯した罪事は各自の良心に訴え、その罪を懺悔《ざんげ》して明るい気持ちになるべきであるといったものです。ここで注意をひくのは、儀式帳が編纂された延暦の時代、この懺悔が「人別」に、そして罪の告白が「申し明かし」の言葉で、すでに使われていたことです。こうした自覚の存在から見ても、一千百年以前に於いて、この大祓が「各人の自覚」と「懺悔の告白」という形にまで進んでいたことを知ることができます。

これがさらに大祓詞になると、祓いの行事を伴って行なわれるため、祓いの実行が次のように表現されています。

天つ罪　国つ罪　許許太久の罪出でむ　此く出でば　天つ宮事以ちて　天つ金木を本打ち切り　末打ち断ちて　千座の置座に置き足らはして　天つ菅麻を本刈り断ち　末刈り切りて　八針に取り辟きて　天つ祝詞の太祝詞事を宣れ

この段はすでに述べたように、犯した罪を祓い、償うためには「祓物」を出すべきことをいったもので、「天つ金木」と「天つ菅麻」とは「祓物」のことです。これを「八針に取りさき」、あるいは「千座の置座」に置き足らわすとは、祓いの行事が行われたことを現わしています。続いて「天つ祝詞の太祝詞事を宣れ」とは、権威ある祖神の御言葉を申しうけ、その通りの人間になる誓いを立てなさいということです。

ここにいう「天つ祝詞の太祝詞事」とは、古来やかましく言われて来た言葉です。「祖神のお言葉」と同義だとみてよいでしょう。祖神の教え、言葉とは、大祓詞の冒頭に「皇親神漏岐《すめむつかみろぎ》 神漏美《かむろみ》の命《みこと》」のお言葉であり、「清く、正しく、むつまじく、人々は生かし合い、助け合い、許し合わねばならぬ」という祖神の御心、生き方を必ず実行すると、誓いを立てるということでしょう。

そうであれば、人の心は必ずや祖神に通じ、祖神はもとより天つ神、国つ神に至るまで、喜んであなたに救いの手を差し伸べ、罪穢を祓い清めてくれるに違いないと大祓詞は結んでいるのです。

そして大祓詞は、末尾に罪の処理をしてくれる神として、瀬織津比売《せおりつひめ》、速開都比売《はやあきつひめ》、気吹戸主《いぶきどぬし》、速《はや》佐須良比売《さすらひめ》という四柱の神が出現し、あなたの罪のいっさいを処理してくれると語っています。この神を一般的には祓戸《はらえど》の四柱の神といい、第一はその罪を川から海に流し、第二は海中に於いて大きな口をあけてその罪をのみ込み、第三はこれを根の国、底の国に息吹放《いぶきはな》ち、第四はその罪を根の国、底の国に運んで消してしまう働きをされる神だとされています。この罪の処理方法は、祓いの原理である「本来の自己」、「神から与えられた姿」にかえる理想を、神名に託して語ったものといえましょう。

大祓詞は以上の章句を雄大な叙事詩風に構成されています。そして、朗々とこれをよみ上げ、あるいは祈りをこめるものにとっては、その罪穢が遠い世界に祓いやられ、清い自分を恢復《かいふく》するための神拝詞です。そして、大祓詞に認《したた》められた祖神の心を心として実行するならば、祖神は必ずや、その人々の罪を許し、祓い清めてくれるという信仰で貫かれています。その意味で、人の一生は、祓いに始まり、祓いに終わるといっても過言ではありません。

第二章　大祓詞の解釈

大祓詞の解釈

はじめに（概説）

訓み方と文字　「祓」という文字は、一般に「ハラヒ」と読みますが、古くは「ハラヘ」と読まれていました。従って大祓詞は、「オホハラヘノコトバ」と読みます。また明治以前の書写を見ると、大祓の祓の字を「禾偏」にして「秡」の字を用いたものもありますが、「秡」は、稲が傷むという意であり、「祓」は除災求福の意と辞書に見えているので、字義からいえば、示偏の「祓」を正しい字とすべきです。

禊祓の起源　祓の起源は、伊邪那岐大神が黄泉《よみ》の国からもどって来られ、筑紫の日向の橘の小戸の檍《あわぎ》原《はら》で禊祓をされたのに始まると言われます。その結果として天照大御神が御出現になりました。従って禊祓の信仰は、天照大御神の御出現までを一貫して考えることが肝要です。このことは「ハラヘ」をすることにより、初めて大御神の御出現を拝し、神々を拝む心構えが出来るようになったことを物語っています。

祓えの起源　記紀の伝承では、須佐之男命が高天原で乱暴を働いたために、神ヤライにやらわれました。そして自分の犯した罪を悟り、償《つぐな》いをされましたが、これも祓えの一面です。祓えとは、自己の罪をつぐない、本来の自己を磨き、本来の自己に還ることであると考えられます。

大祓の「大」の意義　大祓詞は、普通に「祓詞」といわず、特に大祓詞といいます。ここにいう「大」は公《おおやけ》を意味し、社会全体の祓えが大祓の意です。公とは別言すれば国家全体のことで、古くは国家が社会全体のために行った行事だったことを表しています。現在、全国の神社で行われている大祓式も、同様に地域社会全体のために行われています。

大祓は六月と十二月に限らない　一般的に「大祓式」は、六月末日と十二月末日とに行われます。しかし『古事記』、『日本書紀』等の古い文献によると、古くは必ずしもそうだったとはいえません。『古事記』では仲哀天皇がおかくれになると、「国の大ヌサをとって、国の大祓を行わしめられた」との記述があります。また『続日本紀』には、天武天皇の同五年八月十六日に詔《みことのり》して、国の大祓を、同十年七月三十日には天下に大解除《はらへ》をせしめられたとあり、また文武天皇の二年十一月七日にも、臨時の大祓をせしめられたという記録が残っています。

伊勢神宮の大祓　伊勢の神宮の例をみると、昔、斎王のおいでになった時代には、天照大御神の御杖《みつえ》代《しろ》として斎王が伊勢にお成りになる時、沿道の国々に対して大祓をせしめています。また天皇の御践祚の前にも、必ず臨時の大祓を行わせせられるのが慣例です。

尚、神宮では、以下の祭典のある前月の晦日に、必ず五十鈴川のほとりで、大祓が行われます。

二月　祈年祭《きねんさい》　五月　神衣祭《かんみそさい》　六月　月次祭《つきなみさい》

十月　神嘗祭《かんなめさい》　十一月　新嘗祭《にいなめさい》　十二月　月次祭

このように古例、及び伊勢神宮の例を見ると、大祓は、六月、十二月に限らず、殊更、清浄を帰すために、古い穢を祓い、新しい気持になるために行う行事であるといえましょう。

大祓が六月と十二月に行われる理由　では、六月と十二月に、まとめて行われるようになったのは何故かという問題が起ります。思うに古い時代は、一年を六月と十二月の二つに別ける考え方があり、それによったものと思われます。『延喜式』の神祇関係を見ると、大きな祭は六月と十二月に集中しており、例えば大祓の式のほかに、六月と十二月には月次祭《つきなみさい》、大殿祭《おおとののほがい》、御門祭《みかどのまつり》、鎮火祭《ほしずめのまつり》、道饗祭《みちあえのまつり》等があり、大祓の前儀として行われ、何れも、六月と十二月とに、祓い清めを各方面に亘って行なっていたことを示しています。今でも一年の総決算を、盆と暮とに別けて行なっていることなども、その名残を留めています。六月の大祓が済み、七月から心新たに、また十二月の大祓を終り、正月から新しい年がはじまるという考え方に立っています。

古式の大祓式　この大祓式は、昔は宮城の正門、朱雀門前に於いて、六月と十二月の晦日に、中臣氏が大祓詞を読み、忌部氏《いんべ》（斎部）がお祓いをしました。現在でも一般神社で六月、十二月の晦日に大祓式を行なっているのは、この古い伝統に基づいて、前半年と後半年との祓を執行しています。この儀式の時に読む言葉が『延喜式』祝詞の「六月晦大祓《みなづきつごもりのおおはらえ》」です。

大祓詞を平時の祈祷に用いる起源　元来、臨時は除き、六月と十二月の二度だけに読む大祓詞が、今日のように神拝の都度、または毎日、あるいは御祈祷に際して唱えられるようになったのは、平安末期頃と伝えられます。古い文献では、今から八五〇年程前、鳥羽天皇の御代、永久四年に三善為康《みよしのためやす》が編纂した『朝野群載《ちょうやぐんさい》』には、「中臣祭文」といわれる文章が載せられています。

中臣祭文　これを見ると大祓詞を「中臣祭文《なかとみさいもん》」とよんでおり、大祓詞が皆に申し聞かせる言葉になっているのに対し、これは神に申し上げる形に改められています。これが今、私たちが祈祷の意味で毎日奉読している大祓詞の最も古い形です。『延喜式』の大祓詞は、六月、十二月に読むことになっていますが、「中臣祭文」は時期を限定する言葉がありません。また行う場所も示されておらず、祓を命ずる人も、受ける方も誰と限ったものではありません。読み手も大中臣という言葉がなくなっています。そして人々に読み聞かせる言葉は、すべて神に申し上げる形に変っていることから、「中臣祭文」は、何時、何処で誰が読み上げても良いように改められたものと言えましょう。

祓戸の神　この祭文について注意すべき点を述べると、この中に「祓戸の八百万の御神達」との記述があります。現在、「祓戸神《はらえどのかみ》」といえば、大祓詞にある祓戸四柱の神を指すと考えられていますが、「中臣祭文」には「祓戸の八百万の御神達」とあり、四柱の神と限られていません。祓戸（祓処）にいます八百万の神を対象とすることが、古い形式であったことを伝えています。

現在、神社本庁が、一般神社に頒布している大祓詞は、祓戸神のところを「天津神、国津神、八百万神達」としているのは、この精神を継承したものであり、これが一番古い考え方といえます。

大祓詞と中臣祓詞との区別　前出の「中臣祭文」は、平安末期、次いで鎌倉時代から江戸時代まで、平常では、これを中臣祓詞と呼ぶのが普通でした。六月と十二月の晦日に神社で行う祓えを「大祓式」と言います。その時神職が読む言葉を「大祓詞」といっていますが、これに対し、昔から平常よむ大祓詞は、「中臣祓詞」といって区別していました。

そして幕末に国学や復古神道が盛んになってから、元の「大祓詞」の名称が再び使われるようになりました。六月、十二月の大祓詞と普段よむ大祓詞（中臣祓詞）とは、首尾及び中間等の表現が異なることから、両本を比較してみれば相違に気付くはずです。

昔の中臣祓詞と今の中臣祓詞との相違　平常読む中臣祓にしても、今のものと江戸時代以前のものとでは、信仰の盛り上げ方、文字の配置など随所に違いがあります。例えば平安期の「中臣祭文」には、「罪という罪」の次に「咎《とが》という咎」という文句が入っています。また「アマツノリトノ　フトノリト

ゴトヲ　ノレ」は「アマツノリトノ　フトノリトゴトヲ　モチテ　ノレ」となっており、また「アマツカミ　クニツカミ　……　キコシメサム」は「キコシメシテム」となっているように、祓の意味が強調されています。

伊勢流と吉田流の結び方の差　伊勢流と吉田流とで結び方に差があります。伊勢流では「八百万神達平けく安けく聞食せと申す」と結びますが、吉田流では「八百万神達諸共に左男鹿《さほしか》の八つの耳振り立てて聞食せと申す」という風に結んでおり、流儀によって相違がありました。しかし明治以降、信仰的な気持が抜き取られ、国家制定の『延喜式』の大祓詞の体裁に整えられました。

自祓と他祓　また古い中臣祓を見ますと、自祓と他祓と二つの奏上方法があります。他祓とは「ハライタマエ　キヨメタマエ」と読み、神が罪咎《つみとが》を祓って下さるという考え方に立っています。これに対して自祓というのは、「ハライモウシ、キヨメモウスコトヲ」となっており、鎌倉時代、禅宗の広がりとともに自力教門の影響を受け、自祓が起こったといわれています。自力も信仰上は、一つの行き方ですが、本筋からいえば神によって祓い清められ、大御光を受けて行こうというのが、正しい伝統だと考えます。

大祓詞は行事を伴う　中臣祓詞の唱え方は、行事の中で様々な作法が伝わっています。

古い記録では、平安末期、源経信《みなもとのつねのぶ》の日記である『経信卿記《つねのぶきょうき》』（『師記《そちき》』）を見ると、白河天皇の承暦五年（一〇八一）正月九日の条に、源経信が正月初めの神詣に、陰陽師の実行を連れて、京洛の各社で中臣祓を読ませたことが見えます。また同時代の『今昔物語』（巻十一）には、奈良の本元興寺を建立しようと御神木の槻の大木を伐ることになった時、その根本に麻緒の注連縄を廻らし、散米し、ぬさを奉って中臣の祓を読んでから仕事にかかったと伝えています。

このように平安時代の終りには、既に神社参拝や御祈祷の折りに中臣祓を読み、散米、奉幣というような行事を行なっていたことが伺われます。

祭文の実態　また「中臣祭文」を奏上する時は、後世まで「祭文語り」という言葉があるように、節をつけ、鈴や太鼓をならしながら読んでいました。今でも大祓詞を読むのに、ある程度の節、抑揚がつけられます。また地域によっては、太鼓や鈴を伴奏に使うのは、古くからのならわしに従ったものです。鎌倉中期、比叡山の僧侶、承澄《しょうちょう》によって編纂された『阿娑縛抄《あさばしょう》』八十六巻（全二二八巻の内）によると、その「六字河臨法《ろくじかりんほう》」に際し、中臣祓読誦中に、法螺貝を吹き、錫杖《しゃくじょう》・金剛鈴を振り、太鼓・鉦鼓を鳴らしたとあります。同書によると、その間乱声を奏し、解縄《ときなわ》・人形・茅の輪の菅抜き祓等の作法も行われています。

伊勢の御祓　伊勢の神宮には、百度祓とか千度祓、万度祓等の名があるように、神社の中で最も早くから中臣祓を御祈祷に使いはじめました。神宮では、鎌倉時代初期には、中臣祓の注釈も行われ、現在、神宮文庫には、建保三年（一二一五）の奥書のある『中臣祓《なかとみのはらへ》注抄《ちゅうしょう》』という本が残っています。その他、鎌倉以降、中臣祓詞関係の古い書籍が多く伊勢にあるのは、伊勢では御祓が盛んであったことを物語っています。また神宮大麻を古く御祓大麻と呼んだのも、この習わしといえましょう。

伊勢流・吉田流・白川流の中臣祓の上げ方　伊勢流の中臣祓の奏上方法は、祈祷の依頼があると、先ず祓戸に参り、銭切散供《せんきりさんく》を行います。これはお米（白米・玄米）を洗って銭切箱という一升桝のような箱に入れ、またその中に美濃紙を五分角位に切ったものをまぜたものです。そして中臣祓詞を読む前に、これを取って左右左と撒いてから大ぬさをとり、「謹上再拝」と言って中臣祓詞を奏上します。

白川流では「謹上再拝」と書いて、これを「オソレナガラ」と読み、その後に「高天原に」と大祓詞を奏上します。

吉田流では先ず「神祇《じんぎ》感応《かんのう》中臣祓《なかとみのはらへ》」と唱えた後「高天原に」と読みはじめます。

このように、先ず冒頭のよみ始め方に差違があるとともに、本文に入っても同様に、どこを強めて読むか相違が見られます。吉田流では、大祓詞の本文に「上声」或は「中声」と記された箇所があります。これは声を強め、力を入れて読む個所を示します。特に「天つ祝詞の太祝詞事」と「気吹戸主神」に標が付されています。また伊勢流では「天つ祝詞の太祝詞事を宣れ」という箇所で、一拝、或は一拍手する作法を伝えています。

今日、神社本庁の大祓詞では、その所で句切り、次の文句は行を変えているのは、この伝統を現わしたものです。

書紀と中臣祓との学習の順序　中臣祓詞を昔の人たちはどのようにして勉強したのでしょうか。江戸時代の神職は、京都の吉田家へ修業に行き、初級は一カ月間で、行事の伝習の他、中臣祓の読み方、解釈を習い、次に『日本書紀』神代巻の講義を受けました。ところが垂加神道《すいかしんとう》を提唱した山崎闇斎《やまさきあんさい》は、これと反対に『日本書紀』神代巻を習得の後に中臣祓の講義を行いました。闇斎は、神代巻の内容が理解出来なければ、中臣祓の真意に到達することは困難であると判断しました。

即ち大祓詞一巻は、神代巻の主要点を要約したものであり、中臣祓は短いから簡単だと考えるのは大変な誤りで、短文だからこそ難解であるといえます。以前は、中臣祓一巻が完全に奏上することができて初めて一人前の神職と言われた背景には、こうした考えがあります。

本文の解釈

神道と国の在り方を示す　吉田神道の考え方では、大祓詞は十二段にわけて考えます。これは一年を十二か月に分け、段を分けることによって一年を通して祓が修められるとの考えからきたものです。そして吉田流では各段にそれぞれ名前がつき、その信仰が強調されています。以下、吉田神道を参考に大祓詞を十二に分けた場合、第一段は次の通りです。この冒頭の文章は、神道と日本の国の在り方とをはっきり示した個所であると考えます。

高天原に神留り坐す　皇親神漏岐　神漏美の命以ちて　八百万神等を　神集へに集へ賜ひ　神議りに議り賜ひて　我が皇御孫之命は　豊葦原水穂国を　安国と平けく知ろし食せと　事依さし奉りき

神漏岐　神漏美　この段の中心は「神漏岐《かむろぎ》　神漏美《かむろみ》の命以ちて」にあります。「神漏岐」「神漏美」とは何であるかというと、「カム」は神をほめたたえた言葉で、「ロ」は口調をよくするために添えた言葉、そして「キ」（岐）と「ミ」（美）の神ということになります。「岐《き》」と「美《み》」の神とは、神典に伊邪那岐・伊邪那美、頬那藝《つらなぎ》（岐）・頬那美《つらなみ》、沫那藝《あわなぎ》（岐）・沫那美《あわなみ》などとあるように、男女の祖神を日本の古語では男を「キ」、女を「ミ」とで言い現わしました。

祖神信仰　男女の祖神があって、初めて我々人間をはじめ、総てのものが生れて来ることが出来ます。ところが祖神という言葉は神典に載っていますが、それを「カムロギ」「カムロミ」と唱えることは、『古事記』『日本書紀』には出典がありません。この名は『古語拾遺』『宣命』『風土記』『延喜式祝詞』等に至り初めて出典します。『古語拾遺』は、斎部氏が『古事記』『日本書紀』に記述のない一族の事蹟を書いたもので、記紀にもれた古い伝承を少なからず所載します。記紀が編纂された時代ですら、祖神を「カムロギ」「カムロミ」と唱える言葉が一般的にわからなくなっていたのを、『古語拾遺』では、古い信仰の言葉として書き伝えています。

祖神たるの三条件　ならばこの男女の祖神とは、古典でどの神さまを指しているのでしょうか。この祖神は「高天原に神留まり坐す」とあることから、第一に高天原をしろしめされる天津神でなければなりません。第二に「命以ちて」とあり、即ち御言葉、御命令されていることから、天津神の中でも、御言葉を私たちに示されている方です。そして第三として神言を示されているのであり、その御神徳がどこかに祭られ、仰がれているのでなければなりません。

高御産巣日神　神産巣日神　以上の三条件にあてはまる祖神を古典から調べると、『古事記』の本文に、第一に出てくる天御中主神は別として高御産巣日《たかみむすび》、神皇産霊神《かみむすびのかみ》をあげることができます。この二柱の神は、明らかに右の三条件にかなっています。御言葉も下されており、宮中、その他の大社に祭られている天つ神です。「ムスビ」とは、すべてのものを産み、生かし、伸ばし、育てる力をいい、二神はその力を持たれている神々です。

伊邪那岐　伊邪那美　次に伊邪那岐、伊邪那美神も、右の三条件にかなう神さまといえます。信仰上、前出の高御産巣日、神皇産霊神と表裏一体の神であり、「ムスビ」の働きを実際に顕在せしめたのが伊邪那岐、伊邪那美神と言っても過言ではありません。この神は、お互いに手をとり合い、協調する「和」というものが大切だということを示してくれた神さまです。

天照大御神　次にあげられるのは天照大御神で、この神も右の三条件にかないます。そして同時に天照大御神は、それ以前の神々のお働きの総てを一身に備え、これを代表される祖神とされています。このことはやがて祖神と言えば、天照大御神であると言われるに至ったことによってうかがい知ることができます。

祖神の相承　以上の神々が、この「カムロギ」「カムロミ」に当たります。その神的相承という点では、伊邪那岐、伊邪那美神は、最初のムスビの祖神から御標である天沼矛《あめのぬほこ》を授けられ、「此の漂える国を造り固めなせ」という御言葉を授けられています。この御言葉が、神道の根本信仰であり、この御言葉と天沼矛とにより国が作られ、人々が生れ、且つ人々が生きる目的が定められました。また伊邪那岐、伊邪那美命が、この国土に天之御柱《あめのみはしら》を見立てて、事物と人とを生まれたということも、御柱（神の精神）を中心として、初めて正しいもの、秩序が生まれることを伝えています。伊勢神宮にも天之御柱の精神を継承する柱が実際にあり、これを「心の御柱」といいます。御正殿の床下に立てられており、江戸時代以前は、実際にこの柱を中心にお祭りが行われており、神の御心を心として奉仕することが受け継がれてきました。

このように祖神は高御産巣日、神皇産霊神、伊邪那岐、伊邪那美神とつらなり、これら祖神の表面に立つ代表者が天照大御神であります。私たちの世界と神々の高天原とを結ぶ大神といえましょう。天照大御神の御言葉は『日本書紀』に「むつまじき心をもちて相許し給う」とあり、これが「漂える国を造り固めなす」心がまえのあり方を示しているといえましょう。

「神漏岐《かむろぎ》」「神漏美《かむろみ》」とは、前述の祖神であり、この神々の働きとは、「すべてのものを産み成し、生かし、伸ばし育て、互に手をとりあって協調し、睦まじい心で助けあい、許し合う」のが御心であります。

皇親　「神漏岐」「神漏美」の言葉の上に記される、「皇親」は、「スメムツ」または「スメラガムツ」と読みます。祖神の徳をたたえた形容詞です。今は「スメムツ」と読んでいますが、古くは九条家本『延喜式』の祝詞の古訓にもあるように、「スメムツ」と読みました。

「スメムツ」の意味ですが、「スメ」は統一するという意味に考えられていますが、これは賀茂真淵の『祝詞考』以来の考え方です。

本居宣長は、「スメ」をほめたたえる言葉だと解釈します。「スメ」とは、澄む、即ち心が澄む、水が澄むといった清浄さを意味します。折口信夫博士も「古代研究」の中で、神聖、清浄の意であるといわれています。また「ムツ」は睦まじいという和の徳を表わしたものです。

そこで「皇親神漏岐神漏美」と合わせていう時は、「清浄であり、正直にして睦まじい和の気持ち」を持たれる神であることを示してます。「スメムツ」の語は、『延喜祝詞式』によると「大祓詞」の「皇親」の外に「皇睦」「皇吾睦」「睦」、三つの用例があります。「スメラガムツ」とよむ場合は、「皇吾睦」と三字で書いた場合のよみです。

皇親　神漏岐　神漏美の道　「皇親　神漏岐　神漏美」の意味は、「清く、正しく、睦まじい、お徳をお持ちの祖神様」ということになります。延いては、祖神の道とは、清く、正しく、睦まじく生きるにあると言えます。

今日、神道とは清浄正直の道であると申しますが、実際は、「ムツ」(睦)の徳が加わって、初めて祖神の御心を正しく現わすと言えます。明治天皇御製に「あさみどり　澄みわたりたる　大空の　広きをおのが　心ともがな」がありますが、この御製こそ、「皇親《すめむつ》」の徳を言いあらわしているといえましょう。祖神の御心とは、「すべてのものが、清く、正しく、睦まじく、お互いに助け合って、生かし合い、伸ばし合い、育て合い、お互いの足りない所は、許し合って生きてゆく」べきだと教えてくれているのです。

高天原「皇親　神漏岐　神漏美」の祖神がおいでになる所が「高天原」です。「高天原」とは、地上から見れば高い天ですが、天というのは昔から清い所とされています。「高天原」とは、祖神の御心に叶う、清く正しく睦まじい気持の充満している清浄な所です。神歌に「幣《ぬさ》立つるここも高天原なれば集まり給え四方の神々」があります。御幣を立ててお祭をするということは、神心を実現する行為ですから、場所も人も清く正しく、睦まじい気持を集め、高天原と同じ状態にしなければならないと言ったものです。

私は、この地上も清く、人も清く、正しく睦まじくあるならば、神の心が宿り高天原と同じ状態になると考えます。仮に、これに反して汚く、悪く、人同士の仲が悪ければ、例え見た目が美しくとも神の御心に叶わないのですから、到底、高天原とはかけ離れたものだと言わざるを得ません。

即ち高天原とは、祖神の御心、境地、そのものを言ったものです。祖神の御心になり得る人は、常に高天原に住んでいるのと同じと言えましょう。また地域社会も清く正しく、睦まじい所となれば、この地上に高天原が実現するわけです。「神国日本」という言葉があります。日本の国を神の御心に叶った国にすることは、私たちの理想であり、願いでなくてはなりません。即ち高天原とは神国であり、神国の実現こそ私たちの最大の願いだといえます。

命以ちて　「命以ちて」とは、祖神である皇親神漏岐神漏美の御命令です。祖神は、生きて行く力をお与え下さるとともに、生きて行くために必要な道標《みちしるべ》の御言葉を示されました。

『古事記』には、祖神の第一声として「此の漂える国を造り固めなせ」という言葉があります。漂っているとは、完成してないことを意味します。私たちは現実の社会に於いて、完成に向けて毎日一歩ずつ歩んでいると言ってよいでしょう。人の心は毎日揺らぎ、一日として安らぎを覚えません。しかし私たちは、祖神の御心に従って社会の「修理固成」「生成化育」の仕事を続けて行くことが肝要です。神道とは、何かと尋ねられた時、「神のミコトモチの道」であると答えるのは、こうした意味を言ったものです。また天照大御神の「むつまじき心をもちて相許し給う」という御言葉も、人の毎日の生き方の大切な心得を示されたものと言えます。

天皇を国の統治者と仰ぐ　人間が社会を作り、国家を作っていくに際して、政治のあり方を示さたものが、「大祓詞」の「我が皇御孫之命は　豊葦原水穂国を　安国と平けく知ろし食せ」と仰せられた御言葉です。これは天皇を我が国の統治者たるべきことを定められた祖神の御言葉であることは御承知の通りです。

皇御孫之命　祖神は何故、天皇をもって我が国の理想的統治者となさったのかという理由が問われます。この問いについて、天皇の御祖先が、何故に皇御孫之命《すめみまのみこと》と申されているか、その意味から理解する必要があります。

前述したように、「スメ」とは、清浄、神聖という意味であり、「ミマ」とは神聖なる御身体の持ち主という意味です。皇御孫之命とは「神聖なる御方」という意味であり、従って天皇も清らかな御身体、御心を継承されているということです。更にいえば、天皇は、祖神たる天照大御神の御魂、御精神を継承遊ばされる御方であるということです。皇位とともに「三種の神器」を御継承あそばされ、その神勅を受けられ、「践祚《せんそ》」「即位の礼」、そして「大嘗祭《だいじょうさい》」を御親祭遊ばせられることなど、陛下の日々のお姿には、一つとして祖神をはじめ神々の御心を継がせられることを第一としないものはありません。

祖神は、その御心である「天の御柱」を、この国土に立てる御代理として天皇を「国の御柱」として立てられたと考えます。また陛下は、天照大御神の御代理であり、天照大御神の御言葉を伝え宣《の》られる御方であるとも考えられます。人々から本当に仰がれる御方とは、神さまの御心を心とされた方でなければ、神ながらとは言えません。祖神を中心に神々の世界が固められているように、この世は祖神の心を心とされた天皇によって中心が定められています。天皇の御存在により、初めて傾かない輪（和）の世界が構築され、私たちは「神ながらの道」を歩むのです。神の世の姿を、人の世の姿に写し出すためには、神の世の在り方をもって理想とするのでなければ実現出来ません。天皇の御位が万世に「天壌無窮」であるのは、神が永遠であるのと一体であります。

「神集へ」と「神議り」　祖神が、天皇をその代理と定められたことは、「大祓詞」によれば、簡単に定められたのでなく、「八百万神等を　神集へに集へ賜ひ　神議りに議り賜ひて」決定された事柄です。総ての八百万神達が何度も集まり、衆議にはかられた後に決定を見たのです。天皇が、天皇として仰がれ、立てられたことは、祖神の御定めはもとより、万人の承認を得た上に自然に立てられたものであることを意味します。

我が国の歴史に於いて、皇室が我が国の統治者として平和に仰がれて来たことは、悠遠の歴史が物語っています。「神集へに集へ」とは、一度だけ集めて会議したというのでなく、何度も何度も集まって決定したことを物語っており、「神議りに議り」とは、協議を何遍も、何遍も重ねたことを意味します。即ち皆が心行くまで話し合い、納得した上でという意味です。現行の「日本国憲法」に国民の総意によって、天皇を国及び国民統合の象徴とあるのは、この精神を反映したものといえましょう。私たちが天皇さまを象徴として仰ぐとは、天皇を理想として仰ぐと同じで、信仰的に言えば、天皇を祖神の御代理として精神的に仰ぐことを意味します。国民の総意によって仰がれるということは我が国の在り方であり、祖神のお定めがそのまま実現、継承されていることを、よく証明されているといえましょう。

安国と平けく知ろしめす理想　大祓詞にある「豊葦原水穂国」とは、我が国、日本の国を意味します。そして祖神は、「安国と平けく知ろしめせ」と仰せられました。即ち御歴代の天皇は、何れも祖神がこの国の治め方について、「安国」、即ち安心して生きて行ける国、そして「平けくしろしめす」とあるように、平和な国とするようにという御命令に従って、この国を治めることを理想としました。神祭りの祝詞には、必ず「安らけく　平けく」と申しあげます。それは、祖神の理想であり、御心だからです。右にも左にも傾かたいのが平らかな状態であり、不安のない安らかな状態を示しています。

天皇は祖神の御心を心とされるお方　天皇の御理想とする所は、祖神の仰せに従って、安らかで平らかな社会、国家を作って行くことが最大の念願です。神社で奉奏される舞の一つに「浦安の舞」があります。この舞は、昭和八年の御製「あめつちの　神にぞいのる朝なぎの　海のごとくに　波たたぬ世を」をもとに作曲、作舞したものです。この御製に現れた昭和天皇の御心は、御歴代天皇に共通する御心が歌われているといえましょう。また明治天皇も「罪あらば　我をとがめよ　天つ神　民は我が身の　生みし子たれば」の御製を残されています。この御製からも天皇の理想とされた御心を拝察することができます。こうした陛下の「大御心」は、祖神から受け継がれたものであります。

近隣同朋の罪を自分の不徳であるという自覚を持つことは、普通の人物では思いも寄らないことです。歴代天皇が、こうした大御心を理想とされて来たのは、祖神から「安国と平けく」国を治めよとの「ミコトモチ」を拳拳服膺《けんけんふくよう》しているからです。私たちも人作り、家作り、社会作りの心構えとすべきでしょう。

知らすの理想　祖神が、天皇の御祖先に下された結びの言葉は、この国を安国と平けく「知ろしめせ」ということです。即ち天皇の理想とされるところは、政治を自ら行うのではなく「知ろしめす」ことを祖神から命ぜられているのです。「知ろしめす」とは、「知る」の敬語で、天下の政治を総覧されることが大切だということです。天皇の御行動について古くから「知ろしめす」「見そなわす」「聞こしめす」と申します。天皇は何でも「知り」、「見」、「聞かれる」態度をおとりになられる御方であるということです。天下の政治は、昔から国民がすることで、その政治の在り方、理想をお示しになるのが、歴代天皇のつとめです。即ち天皇は祖神の御教えの通り「平らけく安らけく」あるように御心を示されるのであり、政治を執る者は、天皇の理想に照らし、国を平和に治めることが肝要です。

マツリゴト　マツリゴトは「マツリ」から出ている言葉で、マツリとは仕えまつることです。

天皇のマツリゴトは、祖神に「仕えまつる」ことで、祖神の御教えを仰ぎ、御心を心とされることが大きなおつとめです。国民のマツリゴトは、天皇の大御心を仰ぎ、それに神習って平和国家を建設し得るように励むことにあります。天皇が「シラススメラミコト」であらせられるのは、祖神と同じ御心を持たれ、天下のことを御承知になられる御方であるからです。
「大祓詞」の第一段は、「祖神の道」が立てられ、我が国の在り方を示された尊い御言葉であるといえましょう。

依さし奉る　次に大祓詞は、天皇を中心として、大御心をいただいて、われわれが生きていくための道が示されています。

　此く依さし奉りし国中に　荒振る神等をば　神問はしに問はし賜ひ　神掃ひに掃ひ賜ひて　語問ひし磐根　樹根立　草の片葉をも語止めて　天の磐座放ち　天の八重雲を　伊頭の千別きに千別きて　天降し依さし奉りき

「依さし奉る」とは、祖神によって委任されたという意味で、平安にしろしめせと申し付けられた国土のうちには「荒振神《あらぶるかみ》」が沢山いることが語られています。

荒振神　荒振る神の記述は記紀に散見することができます。その一つとして『日本書紀』には、天孫の降臨に先立ち高皇産霊尊（『日本書紀』一書では「天神」との記載）が、経津主神《ふつぬしのかみ》、建甕槌神《たけみかづちのかみ》を遣わして、荒振る神たちを平定した記述があります。
「荒振る神」の「荒振る」とは、乱暴する事だけではありません。「アラ」は現われる、新しくなるという意で、新陳代謝が盛んな活動状態を示します。これに対するのが「ニギ」（和）です。邇邇藝命《ににぎのみこと》の「ニニギ」とは、ニギニギしい円満な状態を言います。「ニギ」が静であれば「アラ」は動だと言えましょう。「ニギ」の静から「アラ」の動の状態に移って行く過程で、転換が調和を欠き、激し過ぎる状態が「荒振る」で、この場合、祓い清めて、元の調和のとれた状態に戻さなければなりません。

「神問はしに問は」す　荒振るものを祓い清めて行くには、どう対処するかというと「神問はしに問し賜ひ　神掃ひに掃ひ賜ひて」とあります。祓は、「神問はしに問はし賜」うことが大切です。

「大祓詞」には、荒振る者にどうして荒びているのかを問いかけることが大切だと示されています。そして「神問はしに問はし」とは、一度だけでなく、幾度も問うことが大切であると示しているのです。私たちの生活に於いても、悲しんでいる人、悩んでいる人に、どうしたのかを問い、話を聞いてやる事により、相手の心を和らげることが出来るのと同様です。

祓とは穢を去って、清いものになることです。清くなるとは、正しい状態、正しい自己、生れながらの自分に帰ることだといえましょう。「大祓詞」には、荒ぶる理由を問い、研究してみることによって、正しいもとの姿を知り、もとの姿にかえすことを示しています。

「問う」とは、必ずしも口で問う事ばかりではありません。神典、聖人、賢人の文章を学習し、自分の在り方を問うことも大切です。言葉には言霊《ことだま》が含まれていると考える時、正しい状態にかえすためには、正しい言葉、即ち神の御心に叶った言葉で、諭すことが大切です。理解、納得するまで何度も、神の御心に照らして問いかける事により、初めて祓い清めを一層進めることが出来ます。これが「神問はし」の本来の意味です。

「神掃ひ」にはらう　「祓」の字が、ここでは掃除をする意味の「掃」になっています。本当の祓はこの字のように、箒をもって掃き出せばよいというような形式的なものではありません。

例えば会議の時、甲といえば乙、乙といえば甲と言って自分の主張を曲げない人がよくいます。そこで、会議の円満をはかるため、その人に退場命令を出して、追出してしまうことが祓かといえば、追出されたものは、外へ出て不平を洩らすでしょう。それでは穢が外に出ただけだということになります。ですから追出すことは、真の祓でなく、その場に於いて正しい姿に和解し、戻すことが真の祓であると言わねばなりません。そして何度も自己を省みて努力を積み重ねて行くことが、ここにいう「神掃ひに掃ひ賜ひて」となります。

問わし祓　人をして正しいものに帰す祓は、いわば「問わし祓」であると考えています。話して分らせることが肝要です。本音が出るところまで問いかけることにより、初めてその人はきれいに清められます。これが「問わし祓」です。

「神問はし」「神掃ひ」ということを深めて行くことは、結局は神さまが本当かどうかをお問いになることです。何によって本当であるかを定めるかといえば、それは正しい神の御心、神の御言葉によって、判定するより外にないからです。人間は、祖神の御教えにかなう行動をする者が、真に祓われた者だといえます。従って、その状態でない者は、まだ祓われていない人となります。問わす方は神さまです。神の心をもって問うのですから、神の心が分らなければ問いに答えることは出来ません。本当の「神問はし」「神掃ひ」が出来、それに預かることが出来る者となる為には、神の心、即ち神の御言葉を真に体得し、これを実行して行くより外に道はありません。非常に努力と学習を要することです。

自然物の語止め　次に自然界の祓はどうしたら出来るか。それが「語問ひし磐根　樹根立　草の片葉をも語止めて」です。この「語止《ことや》めて」は、古書に「語止めしめて」と読んでいるものがあります。神典に即していうならば、天孫降臨に当って、「磐」「樹」「草」等まで騒ぐものがあり、それを祓い清めたと言う意味です。国土開拓に当って、「磐」「樹」「草」等を伐り開かねば交通も、開拓も出来なかったことでありましょう。では磐や樹、草が不平を言っているとは、どういう状態でしょうか。そして、これを語止める状態とするには、どうしたら出来るのでしょうか。

神さまの御心を考えてみますと、神とは、そのものが本来持っている生命、使命を生かし伸ばして下さる方だと理解することが大切です。本当に神の心の通りに、生かし伸ばしてやれば、自然物であっても不平は言いません。磐は磐としての本当の生命を伸ばしてやる。磐を道路の真中に放置しておくならば、その磐は通行人から迷惑な物となります。樹木や草にしても同様です。日かげに置かれれば十分に成長することは出来ません。磐は磐としての役目を果たし得るようにしてやり、木や草は日の当るところに、正しい姿に置いてやれば、不平も言わず満足に成長するはずです。従って語問わぬ存在になります。

天の磐座放ちて降臨　人間界はもとより、自然界をも正しい姿に戻してあげることで、初めて、「天の磐座放ち　天の八重雲を　伊頭の千別きに千別きて　天降し依さし奉りき」となります。これは、平静に帰した国土に天孫が降臨したことを伝えています。

神さまは、古く「磐座」といって大きな岩を神の鎮まる座としてお祀りしました。天孫も神命を受けて此の世に降臨されるにあたり、天の磐座を離れ、天の八重雲を伊頭の千別きに千別きて天降られたと解することが出来ます。言葉通りに解釈すれば、「伊《い》頭《つ》」とは強いという意味で、強い力をもって、雲をかき分けて、高天原から天降られたという意味です。

広く信仰的に解釈するならば、祓いにより天地万物が静まった時、初めて本当の物が、この国土に出現して来るのだと解釈すべきであります。

神道の客観的解釈と主観的解釈　昔から神道の神話解釈には、二通りあります。

記紀等の神話伝承を歴史的物語として客観的に解釈するものと、神話はこれを信仰的に解釈して、その道理を考えるべきであるとするものです。この二つが整った時、初めて事柄を完全な姿で見ることが出来きます。客観的なものは儀式となって現われます。神籬磐境《ひもろぎいわさか》の神勅を通して、お祭りを神から受け継がれた儀式として見る必要があります。けれどもその心構えとしては、儀式の奥にある信仰の道理をさとることが大切です。

天孫降臨を形の上から見るならば、皇室の御祖先が天から雲を分けてお降りになって来たということですが、これは古来、皇室のことを雲の上の人と言ったように、皇室を尊び、神聖化して言ったものであることは申すまでもありません。天孫降臨の真義は、神さまの御心を継承される皇室の御祖先が高天原の祖神の御心を受け継ぎ、私たちの前に臨まれているのだという信仰が前提にあって初めて成立します。

『古事記』上巻は神代の話に相当します。『日本書紀』は、はっきりと神代の巻を立てています。そして日向三代を経て神武天皇からは、これを人皇の巻とします。神代の巻とある以上、これは神さまに対する信仰の在り方、即ち我々は如何にして神さまをいただいて来たのか、また今後如何にいただいて行くべきかを示されたものであり、素直に受け取るのが正しい受け取り方だといえます。ですから天孫降臨とは、神の御心を皇室の御祖先がいただいて、この国を清め、正しくされる為に、この国土にお臨みになられていることをいったものです。

天皇の御位　一例をあげて説明します。皇太子が天皇になられる時、三種の神器を御継承し、その後、高御座《たかみくら》に就かれる二つの儀式があります。三種の神器の継承は御祖神、天照大御神の御心を継がれることです。また高御座とは御祖神の尊い御座、それは祖神の御位ですから、高い神聖な祖神の御心、御位置を継承されることと同じです。この二つが、天皇の第一の要件であることを、儀式的に示されています。信仰的には皇室の御祖先は神の御心を持って降臨されたのだから、尊い御方なのだという表現になります。天孫降臨の考え方は、下（国民の側）から見る考え方と、上（神さまの側）からの考え方、その両方面から検討する必要があります。

大倭日高見国　第三段は次の通りです。

此く依さし奉りし四方の国中と　大倭日高見国を安国と定め奉りて　下つ磐根に宮柱太敷き立て　高天原に千木高知りて　皇御孫命の瑞の御殿仕へ奉りて　天の御蔭　日の御蔭と隠り坐して　安国と平けく知ろし食さむ国中に成り出でむ天の益人等が　過ち犯しけむ種種の罪事は　天つ罪　国つ罪　許許太久の罪出でむ

祖神より、「平らけく安らけく」治めよと、御委任をうけられた「四方の国中」として、先ず「大倭日高見の国」が選ばれたことを示す文章です。「大倭」とは元来、奈良県磯城郡《しきぐん》（現在の天理市、桜井市、橿原市周辺）の地方をいったもので、ここは古くから大和《おおやまと》神社、大神《おおみわ》神社があり、この辺が大和の国の発祥の地とされています。祖神は、この土地を日本の国中で最も日が高く見える、いわゆる日の本の国として安らかな国とするようにお定めになりました。そして「下つ磐根に宮柱を太しく立て、高天原に千木高しる」宮殿を立派にお建てになったという意味です。

宮柱・千木・御蔭・益人　これらの言葉を信仰上からいえば、「宮柱太しき立て」は大地にしっかりと根を下ろす意であり、「高天原に千木高知りて」とは、天にもとどくという事です。双方合せて天地に達するというのは、天津神、国津神の御心を一貫して受けとめられたことを表しています。かくして皇御孫命、即ち天皇のお住居《すまい》あそばす宮殿を建てられました。続いて「天の御蔭　日の御蔭と隠り坐して」とは、信仰的にいえば、天津日の神、所謂、天照大御神のお蔭を受けて、抱きかかえられながら生きて行く事です。そして「安国と平けく知ろし食さむ国中に成り出でむ天の益人」とは、祖神の御理想に従って治める国に生れて来る「天の益人」は、即ち、生成発展を約束されている人々という意味です。そして悲しくも「種種の罪事」を犯すと続いています。

過ち犯す　この人々が「過ち犯しけむ種種の罪事」の「過ち」とは、あやめるという言葉があるように、現状を混乱し破壊することです。また「犯す」とは、一定の場所から侵出し、はみ出して行く、即ち、あるべき姿を逸脱する姿を指します。従って秩序を乱し、定めの場からはみ出して行くことが「過ち犯す」という意です。神の心を基準としていえば、神の心を逸脱し、乱すような行為をすることが「過ち犯す」という事になります。清く正しい状態を乱すことも過ちの一つです。

天つ罪　次の「天つ罪　国つ罪」とは何でしょうか。一般に出ている大祓詞には削ってありますが、延喜式の原本には、天つ罪を挙げて、畔放《あはなち》、溝埋《みぞうめ》、樋放《ひはなち》、頻蒔《しきまき》、串刺《くしさし》、生剝《いきはぎ》、逆剝《さかはぎ》、屎戸《くそへ》の罪をいうとあります。これらは古典によると、須佐之男命が高天原で犯した罪だとされています。

「畔放」とは、田圃の畔を取りこわすことですから、稲田の水は外へ流れ出てしまい、耕作が困難となります。「溝埋」は、畔と畔との間の溝を埋めるのですから、田圃に水が入らず耕作を困らせます。「樋放」とは、樋をかけて、山の谷から田に水を引いて来るのを取り放つのですから、耕作を不能とします。以上は何れも稲田と水との関係について妨害することで、いわゆる耕作妨害罪です。

次に「頻蒔」とは、一度稲種を蒔いた他人の田圃の上に、再び種を蒔くことを言い、「串刺」とは、他人の田圃の境界に境を示す竹を立てることです。共に他人の耕作田を横領する田圃横領罪に当たります。勿論、一説として「頻蒔」は二度稲種を蒔き、耕作を無駄にすること、串刺は田圃に竹の串を刺し立て、耕作人に怪我をさせる罪だとも言われます。

これらがなぜ天つ罪になるかといえば、稲は人の生きて行く命の根源です。「コメ」とは小芽、「イネ」は生根、「ヨネ」は世根だと言えます。米により生かされて行く有り難さに対する感謝の意が、コメ、イネ、ヨネなのです。人間の生きて行く生命の根を絶つ。稲は青人草の食として祖神より頂いたものです。人間の生きて行く生命の根を絶つとことから、天つ罪になるのです。

また「生剝」、「逆剝」とは、やはり須佐之男命が、天斑馬《あめのふちこま》の膚をさいて、天の機織屋の棟をうがってなげ入れました。その結果、織女を殺すことになったとあるように、動物を殺し、また人を殺す罪をいいます。「屎戸」は、天照大御神が新嘗きこしめされる御祭の御殿に、須佐之男命が屎をまきちらした罪で、神聖な所を汚す罪だといえます。

天つ罪とは以上述べて来たように、今の言葉で申しますと、耕作妨害罪、稲田横領罪、神聖な所を汚す罪、或は殺人罪ということになります。信仰上から見ると、人間の命も、生命の根である食物も、元を正せば何れも祖神から賜わったものです。人間だからといって、これを勝手に殺し、奪い汚すことは出来ません。生死の根本は天津御《あまつみ》祖神《おやのかみ》から与えられたものです。これを犯す罪が天つ罪と呼ばれています。

国つ罪　また旧の大祓詞には「許許太久の罪を天津罪と法別《のりわ》けて」の一文が入り「国津罪とは」と続きます。この一文は、以上の沢山の罪を神の御心に照らして、これを天つ罪と定めてという意味です。

そして次に国つ罪の詳細が列記されます。

生膚断《いきはだたち》、死膚断《しにはだたち》、白人《しろひと》、胡久見《こくみ》、己が母犯せる罪、己が子犯せる罪、母と子と犯せる罪、子と母と犯せる罪、畜《けもの》犯せる罪、昆虫《はふむし》の災、高津神《たかつかみ》の災、高津鳥の災、畜仆《けものたふ》し、蠱物《まじもの》せる罪

「生膚断」「死膚断」は人間の生きている膚、及び死者の膚を断つこと。「白人」は、血族結婚等で白子が産れること。「胡久美」は、コブ等の出来ること。「己が母犯せる罪」「己が子犯せる罪」「母と子と犯せる罪」「子と母と犯せる罪」等は、いずれも家族生活をする上から見て、人間として犯してはいけない罪をいいます。「畜犯せる罪」は、人間が畜を犯すというような畜生のような行為をすること。「昆虫の災」は蛇やむかでなど地上を這う動物によって害を受ける事です。「高津神の災」は、雷などにより人畜に与える被害。「高津鳥の災」は鷲や鷹等に人畜をさらわれるような被害。「畜仆し」は、獣をのろい殺す事。「蠱物せる罪」とは、おまじないをして正しいものを混乱させる罪を言います。以上は、この地上人間界の不倫の姿、血を見るような姿、混乱の姿、人間としてしてはならない事をする等の罪で、これを国津罪といいます。

「過ち犯しけむ」罪　これらは何れも「過ち犯しけむ種種の罪」とあります。故意に犯した罪は、自分で自覚しているのですから、当然その罪の償うべきです。これに対し、犯したかも知れないものは、どうすべきか。自覚にない罪については、罪を犯したという自覚を促すことが信仰では大切です。世の中には、はっきりと罪の意識を持っていなくとも、眼に見えない過ちが多いのです。例えば自分は悪気が全くない。しかし他人には非常な損害を与える。また自分はそんな意味で言ったのでないのに、人に不快を与えるといったような罪も、信仰上では重大な罪です。自分は誠心誠意をつくしたのにと思っても知らず知らずの罪があるのです。

御占の神事　ではそうした知らない罪が、どうして判り、出て来るのでしょうか。

古い神事に「御占にかける」ということがあります。御占《みうら》とは、伊勢神宮にも「御占の神事」がありますが、占とは心の事を「ウラ」といいます。うら悲しい、恨めしい、うら淋しいという「ウラ」は心を指します。即ち神の心に合うか、合わぬか、それを計るのが占いです。判断がつかない時は、神の心に聞いて見るとなるのです。神の心に自分の心を合せて見る。これが人間の反省心であり占いの真義です。神の心に帰って考えるのです。

伊勢神宮では、六月と十二月の月次祭と十月の神嘗祭の前の晩に、御占の神事を行います。古くは、琴で占ったことから、琴占《ことうら》とも言われます。お祭りに仕える者だけでなく、この時に供する神饌物についても、神の心に叶うかどうかを、占って下さいという祝詞を奏上し、次に一人一人の名を呼び上げ、琴板を笏でたたき、空吹《うそふき》と言って口笛を吹く所作をして占います。今は日暮に行いますが、昔は祭の前夜から翌朝まで続き、夜が明けると五十鈴川に出て祓が行われました。罪汚のあらわれたものは、麻をとってこれで罪をお許し下さいと、贖《あがな》い物として川に流し祓うのですが、その精神は夜中の静まりかえった境内の神前に静座し、奉仕者は神の御前に、深く反省する所に意義があります。また神饌物も神領でつくった物だけ差し上げるのですが、それでも不浄なものはないか占います。神饌物とは、格別な神の御供ですから、唐櫃《からひつ》に入れ、神に捧げる時は「警蹕《けいひつ》」をかけながら運びます。神宮の祭りには、神の御心に叶うかどうか、また奉仕する者も、潔斎を重ねて祭典にのぞみます。清浄を期することが祭だという姿が、よく現われています。

このように犯したかも知れない罪は、御占、即ち神の心に照らし、神の心に帰った時、初めて気付くのです。本当の信仰は、眼に見えない過ち、犯したかも知れない罪まで、祓うのでなければなりません。悩みを解消してあげる。また人は、刑法上の罪人でなくとも、道徳上に於いて、神の鏡に照らし見た場合、罪人にあたるかも知れないのです。神社神道には、この「犯したかも知れないという罪」をも祓うことが求められています。神の鏡、神の心に照らして反省し、あらわれた罪は、如何にして祓い清めることが出来るのか。その方法が、次の「天つ宮事」の段で示され「天つ祝詞の太祝詞事を宣る」ことにより、出来るのです。

天つ宮事　様々な天つ罪、国つ罪があり、自分が「犯したと意識した罪」と「犯したかも知れない罪」もあることを述べてきました。それを私どもは深く反省し、また祓によって清めて行かなければなりません。自覚する罪はもとより、自覚しない罪をどうして祓うのかというと、大祓詞は次の段で

天つ宮事以ちて　天つ金木を本打ち切り　末打ち断ちて　千座の置座に置き足らはして　天つ菅麻を本刈り断ち　末刈り切りて　八針に取り辟きて　天つ祝詞の太祝詞事を宣れ

と教えています。この「天つ宮事」とは、天津神、即ち祖神のお住居になっている所でお定めになった事、即ち祖神の御教えという意味になります。

「天つ金木」と「天つ菅麻」 その御教えにより、如何にして罪を祓ったら良いかといえば、天つ金木を本打ち切り、末打ち断ちて、千座の置座に置足らわす行事を行えというのです。「天つ金木」とは、古来多くの意見がありますが、要するに小さい木の枝、特に楉《しもと》の木、或は楮《こうぞ》の木の枝といわれています。これらの木の皮は、紙の原料、幣をつくる材料となり、最終的には祓物《はらえつもの》となります。その木の枝の本を打ち切り、末を打ち断つ、即ち木の中心を取ると言っています。そして「千座の置座に置き足らはす」とは、沢山置くことの出来る場所に山の如くに積むという意味です。

「天つ菅麻を本刈り断ち　末刈り切りて」とは、きれいな菅、或は麻の本と末とを刈り切って、中心の良い個所を取り、「八針」即ち八つ裂きにすることを意味します。

この行事の意味　『古事記』によると、須佐之男命が高天原で犯された天つ罪に対し、大変悪かったと悔《かい》悟《ご》させるため、祓物を出させたとあります。その時の贖《あがな》い物としては、手足の爪を切り、ひげを抜き、「神ヤライ」（追放）されました。また『日本書紀』には、唾《つば》、涎《よだれ》を白和幣《しろにぎて》（木綿）青和幣《あおにぎて》（麻）につけて出さしめたとあります。これらの伝承は、何れも祓物を出すことにより、悪いことをした罪の償いを示す内容です。即ち、人が罪を犯したら、悪かったという心持ちを形で表現しなければ謝った事が表面に伝わりません。心に思っていることは、実行に移して初めて納得させることが出来ます。感謝の気持があれば、物を贈ることによって現わされるように、悪かったことも、これを形に現わします。信仰的に言えば祓物を出すということです。真中を執り、千座の置座に置足わして祓をするとは、信仰上では、誠心を重ねて悪かった事のお詫びを申上げることです。

尚、「天つ金木」から「八針にとりさきて」までを素直に読むと、何かを切ったり、置いたり、裂くなどして祓をする行事が行われていることが伺えます。大祓式に、忌部氏が祓の行事を行った伝承がありますが、関係するものかもしれません。

天つ太祝詞と行事　そして「天つ祝詞の太祝詞事を宣れ」と続きます。「天つ祝詞の太祝詞事を宣る」とは、大祓詞だけでなく、『延喜式』の鎮火祭《ほしずめのまつり》、道饗祭《みちあえのまつり》の祝詞にも見えます。また中臣寿詞《なかとみのよごと》には「此の玉櫛《たまくし》を刺立《さした》て、夕日より朝日照るに至るまで、天都詔戸《あまつのりと》の太詔刀言《ふとのりとごと》を以て告れ」とあり、続く文には、若々しい蒜《ひる》草が萌え出て来るように、清浄な多くの竹の群がはえて来るであろう、また、その下から泉の水が湧き出るであろうとあります。

寿詞でいう「玉櫛」とは、榊の枝に御幣の紙と麻とをつけたもので、これを立てて「天つ祝詞の太祝詞」を宣るという意味です。この際の玉串とは神離であり、これを立てて神言を申す状態を示しています。即ち、大祓詞で言う「天つ金木を本打ち切り、末打ち断ちて、千座の置座に置き足らわし、天つ菅麻を八針に取りさく」という行事をして、「天つ祝詞の太祝詞」を宣るならば、その結果として神さまはみんな聞いて下さるという構造と非常に酷似しています。

天つ祝詞の意味　それならば、「天つ祝詞の太祝詞」とは、いかなる言葉でしょうか。「天つ祝詞」とは天つ神の下された祝詞であり、「太祝詞」とは、立派な祝詞の意味です。祝詞とは、現在、神に奏上する言葉だと考えますが、本来の祝詞の意味は、神さまから下されたお言葉を言います。

祝詞とは「宣処言《のりとごと》」で、上から下にくだされる言葉であり、宣るということは宣伝、宣布というように、広く強く大きくいう意味の言葉です。「言う」と「宣る」とは異なります。神さまが、はっきりと強く宣られ、示されるお言葉を祝詞といいます。

祖神が初めてお示しになられたお言葉、即ち「天つ祝詞の太祝詞」は、『古事記』によると「このただよえる国を修理《つくり》固成《かためなせ》」のお言葉です。また「皇親神漏岐神漏美」の御言葉とは、先に述べましたが、「清く、正しく、睦まじく、すべてのものを生かし伸ばせ」ということで、漂えるものを造り固めなす方法を示したものです。この祖神のお言葉を宣るとは、宣言することです。確信をもって申せという事になります。悪いと思ったら、また罪があると思ったら償いをし、神の御心に恥じない自己になる誓を立てなければなりません。真実の実行と真実の言葉こそ、神の心にかなうものであると教えられています。信仰は心だけのものでなく、実行を伴い、神の言葉を聞き、神の御心に神習うことが大切です。そこで先人達が「天つ祝詞の太祝詞」をどのように考えたか紹介します。

本居宣長―全文説　本居宣長先生は「大祓の言葉の全部が祖神のお言葉である」と解釈されました。しかし私は、そうした見方も成り立たない訳はないと考えますが、信仰的に何か特殊なお言葉が宣られたはずだと思っています。

卜部家―秘事説　卜部家では中臣祓の研究を盛んにしています。天児屋根命が天岩戸開きの段に於いて、素佐之男命の祓をした時に申されたお言葉が古くはあったといいます。(『中臣祓抄』)しかし、それは何であったか分らないとしています。大祓詞は元来中臣氏が読む言葉ですから、中臣の家には古く伝わっていたはずですが、それが秘伝とされていたため、遂にわからなくなったとしています。

平田篤胤―禊祓詞説　平田篤胤先生は、『天津祝詞考』の中で、古くから「禊祓」の言葉が伝わっているが、これが「天つ祝詞の太祝詞」であると言っております。禊祓の言葉とは、現在修祓のときに使われている「祓詞」の原文です。即ち伊邪那岐命が筑紫の日向の橘の小戸の阿波岐原で禊祓いをし、諸々の罪穢を祓われたときのお言葉だと考えます。篤胤先生がまとめて示された「禊祓詞」とは次の通りです。

高天原に神留坐す　神魯岐神魯美の命以て　皇御祖　神伊邪那岐命　筑紫日向の橘の小戸の阿

波岐原に　御禊祓ひ給ふ時に　生坐る祓戸の大神等　諸の枉事罪穢を　祓賜へ清め賜へと申す
事の由を　天津神国津神　八百万の神等共に　天之斑駒の耳振り立て　聞食せと　恐み恐み白
す

折口信夫博士は、篤胤先生の説に賛成された一人で、『古事記』の禊祓の段の文章は、「天つ祝詞の太祝詞」の古い名残であったのかも知れないと、「古代研究」の中で述べています。

鈴木重胤—三種祓詞説　これに対し、鈴木重胤先生は『大祓詞講義』の中で「三種の祓詞」がそれであると説いております。「三種の祓詞」とは

吐《と》　普《ほ》　加《か》　身《み》　依《え》　身《み》　多《た》　女《め》、寒言神尊利根陀見《かんごんしんそんりこんだけん》、祓ひ玉ひ清め給ふ

を言います。初めの「トホカミエミタメ」という言葉は、平安末期の『江家次第』（巻十八）にも見えている言葉で古い言葉です。当時亀卜が行われ、亀の甲を焼いて割れ目の方向によって、これを「トホカミエミタメ」に分け、吉凶禍福を占いました。ですから神の御心を知るための言葉としては、古い由来を持つ言葉です。今の人は「トホカミエミタメ」と言っても何の意味かわかりませんが、江戸時代の学者は「遠神能看可給《とほかみえみため》」といって、「遠つ御祖の神よ御照覧ましませ」の意味であるとも、また「遠神笑給《とほかみえみため》」で、「遠つ御祖の神恵みを垂れ給え」の意味だとも解しています。

次に「寒言神尊利根陀見」というのは、易の八卦の言葉で天地万物の心は、この八文字によって

言い現わされると考えました。これに「祓ひ給ひ清め給ふ」という一句を合せて、合計三つの言葉を三種の祓詞と言っています。私は、この三つを纏めたのは、室町時代に卜部家周辺の関係者が整理したのではないかと思っています。即ち、この言葉を唱えると、神の御心がそこに現われるというのです。

一切成就祓説　また平田篤胤先生は伊勢神宮に『一切成就祓詞』というのが伝わっていることから、それがこれに当るともいっています。これは「極めて汚きことも滞りなければ穢はあらじ、内外の玉垣清し浄しと申す」という言葉です。人間は滞りをつくっていてはいけない、いけないと思う事は出してしまえ。その時、その人は救われるのであるという言葉で、これが太祝詞ではないかとも考えました。

鎮魂詞説　また、大和国の石上神宮に伝わる古い鎮魂の言葉があります。『先代旧事本紀』に

一つ二つ三つ四つ五つ六つ七つ八つ九つ十と謂ひて、ふるへ、ゆらゆらとふるへ、かくなせば、

死れる人も生きかへりなむものぞ

というのがこれですが、これが「天つ祝詞の太祝詞」だという説もあります。確かに鎮魂の言葉は神言ですから、そう見ることも出来ましょう。

ひふみの祓詞説　白河伯家神道では、これから「ひふみの祓詞」を考え出し、これを「天つ祝詞の

太祝詞」だといっています。

ひふみよいむなやこと　もちろらねしきるゆゐつわぬそおたわくめか　うをえにさりへてのますあせゑほれけ

いろは四十八文字を言い直したような言葉ですが、人間のすべての心持は、この四十八音の中に含まれているのだから、これを皆な言うことが、すべての神心を表現しているとも申せましょう。平田篤胤著の『神字日文傳《かんなひふみのつたえ》』などにも見えるところです。

今泉定介説　最後に今泉定助先生は、大祓詞を解釈した『大祓講義』の中で「天つ祝詞の太祝詞事」とは「天皇陛下万歳」をいうのだと、水谷清氏の意見を紹介しています。

天照大御神が天孫にお下しになられた御言葉は、皇室の万世一系を祝福された言葉ですから、これが祖神の御心であるとすることは、これまた間違っているとは申されません。

祖神のお言葉　しかし何れにしても「天つ祝詞の太祝詞」のお言葉は秘め言であり、伝承されていません。私たちが真剣に祈り、神心に通ずる時、その都度、神から示されるものだと思われます。ひそかに思いますのに、祖神の御心は、前述の如く、清く、正しく、睦まじくであり、生成化育、修理固成を念願とされているのですから、神の御心に叶ったお言葉こそ、「天つ祝詞の太祝詞事」であると申す外はありません。また御祖《みおや》の神々がお下だしになられたお言葉は、記紀を初めとして古典の上に色々と明記されており、これらを合せたお言葉が「天つ祝詞の太祝詞事」だと考えるのも正しい考え方だと言えましょう。いずれにしても信仰上では、祖神のお言葉通り実行する事が、何にも増して大切だと言えます。

此く宣らば　大祓詞は続きます。

此く宣らば　天つ神は天の磐門を押し披きて　天の八重雲を伊頭の千別に　千別きて聞こし食さむ　国つ神は高山の末　短山の末に上り坐して　高山の伊褒理　短山の伊褒理を掻き別けて　聞こし食さむ

このように天津神、国津神が聞きとどけて下さるためには、くれぐれも前提のあることを忘れてはなりません。即ち、天つ宮事以ちて、祓物を出し、「天つ祝詞の太祝詞事」を宣ることです。「此く宣らば」とは、はっきり宣る時、初めて結果が出て来るとの意味です。

言行一致で、祖神の御心通り、お言葉通りに実行しなければ、聴き届けてはくれません。信仰の根本は神のお言葉通りを実行するより外にないことを悟るべきです。

伊褒理　あなたが祖神の御心、お言葉通りにおやりになれば、天津御祖神《あまつみおやのかみ》は、必ず天の磐門を押し開き、国津神は、高山、低山の伊褒理を強い力でかき別けて聞いて下さるとの意味です。

伊褒理とは、煙や靄《もや》の立ちこめている状態の言葉です。この一文は、神さまは本当にあなたがその気持になれば、万難を排してでも耳をかたむけて聞いて下さるという意味です。そして「此く聞こし食してば　罪と言ふ罪は在らじと」と続き、罪穢はこの人生から清められ、無くなっていくことが語られています。

科戸の風　次の段は

科戸の風の天の八重雲を吹き放つ事の如く　朝の御霧　夕の御霧を　朝風夕風の吹き払ふ事の如く　大津辺に居る大船を　舳解き放ち　艫解き放ちて　大海原に押し放つ事の如く　彼方の繁木が本を　焼鎌の敏鎌以ちて　打ち掃ふ事の如く

とあって、罪穢が祓われて行く姿が語られています。

「科戸」は「息長処《しなど》」です。「シ」は息の事です。「シヌ」（死）は息去《しい》ぬで、息がなくなるとの意味です。信仰的に考えれば、科戸の風は、息を長く吹く事により、八重雲をふっと吹き掃うという意ですが、これは形容詞とばかり考えてはなりません。息が長いとは、長生きする事です。息が私たちを生かしてくれる。息が長く、長生き出来るという事は、神の御力をいただいている証拠です。息を長くつくには、神の御心の息吹きを自分の体内に鎮めておかなければなりません。これが「魂鎮《たましず》め」の大切な所以です。「鎮魂《ちんこん》」の作法は身体を整え、息を整えることを極意とします。先ず腹式呼吸により息を整えることが大切です。健康であるという事は、人の内に神の心と力が充満し、躍動しているためです。完全な息をすることによって、人生の八重雲、即ち、あらゆる悩みや問題を吹き掃い清め得るという風に、信仰上では考えてゆくべきでしょう。

朝夕の霧　「朝の御霧　夕の御霧」とは、霧のかかっている姿を現します。あたかも朝には朝の悩み、夕には夕の悩みと置き換えて考えれば理解しやすいと思います。朝の悩みは朝の風、夕の悩みは夕の風によって、吹き払う必要があります。即ち一事（時）一物で、時々に人間は誠心を尽くし、一つ一つ心の雲霧を払って行きたいものです。

舳艫解き放つ　「大津辺に居る大船を　舳解き放ち　艫解き放ちて　大海原に押放つ」とは、航海を人生に置き換えて考えてみましょう。

船は艫綱《ともづな》によって港の岸につながれているのでは、航海は出来ず、船の役目をはたす事が出来ません。綱を解いてやる時、初めて大海原を自由に航行することが出来ます。船は綱をといて初めて、その生命を生かす事が出来るのです。船が岸につながれているように、人生では、人間も多くの絆につながれているため、自由に天地を遊ぶ事が出来ません。いわゆる紐付きで、引張り廻されている状態です。真の「神ながら」とは、種々の問題に引きずり廻される事なく、神の御心のままに、自由に生きる事です。神の自由の胸にいだかれ、伸び伸びと生きて行くには、様々な悩み、しがらみを断ち切って行くのでなければならないと言っています。

焼鎌の敏鎌　「彼方の繁木が本を　焼鎌の敏鎌以ちて　打ち掃ふ事の如く」とは、向こうの方の繁った木を、焼きを入れた敏鎌で打ち掃うことです。人は沢山の「繁木」、所謂問題を抱えています。その問題で行く先が見えない場合、焼きの入った鋭い鎌、即ち、鋭い知識、叡知で、打ち掃うように解決するという意味であると理解します。すると進むべき道が見えて来る。言葉を換えて言えば、正しい神の心に叶った知と行との一致した行動による祓だと言えましょう。本当の修業をし、神さまのお言葉通り実行して行く事により、段々清められ、「遺る罪は在らじ」という状態となるのです。前述の伊勢に伝わる『一切成就祓詞』に「極めて汚きことも滞りなければ穢はあらじ」という心境と同じで、この言葉は大祓の言葉を誠によく要約したものだと言えます。滞りをなくした時、初めてきれいになるという自覚です。

そして前述の一文は、「遺る罪は在らじと　祓へ給ひ清め給ふことを」と続きます。そうであれば、神さまは遺漏なく祓い清めて下さるというのです。

瀬織津比売　大祓詞は、祓い清めて下さる神々への文章へと続きます。

高山の末　短山の末より　佐久那太理に落ち多岐つ　速川の瀬に坐す瀬織津比売と言ふ神　大海原に持ち出でなむ

これからがいよいよ、祓戸四柱の神さまが持ち分けて、罪を祓い清めて下さる段です。

高い山、低い山から佐久那太理、即ち谷間を急速に下って、落ちて来る速川の浅瀬にいらっしゃる瀬織津比売《せおりつひめ》という神が、すべてのものの穢をおとし流して、大海原に持って行って下さるとの内容です。瀬織津比売神とは、浅瀬に居られて、総てのものの罪穢を、洗い流して下さる神さまです。祓は穢をなくし、本来の正しい姿にかえることで、これを常に念頭に置いて考える時、人間は激流にもまれ、そして磨かれて初めて清い光が出て来ます。これが瀬織津比売の働きです。

速開都比売　瀬織津比売神の次に、速開都比売神《はやあきつひめのかみ》の働きが現れます。

荒潮の潮の八百道の八潮道の潮の八百会に坐す速開都比売と言ふ神　持ち加加呑みてむ

荒い海の潮が四方八方から集まって来て、幾重にも幾重にも渦を巻いている所におられる速開都比売という神が、口を大きく開けて総ての罪を速くガブガブと呑み込んで下さるという意味です。速開都比売神は、『古事記』によれば、水戸、所謂「港の神」です。山田孝雄博士はすべての穢、悪い事柄を呑み込んで、他に出さぬようにするのが「かかのみ祓」だといわれています。人は口から口に言いふらしますが、これではいつまでたっても世の中にはいやな事が絶えません。いけないと思ったら、呑み込んでしまって次に伝えないようにすることも大切です。この大きな口、腹、即ち大きな度量を持って、すべてのものを消化してしまうことが、信仰として大切であると言えましょう。それがやがては自分を生かす事につながります。

気吹戸主　速開都比売神の次に、気吹戸《いぶきど》主神《ぬしのかみ》の働きが現れます。

此く加加呑みてば　気吹戸に坐す気吹戸主と言ふ神　根国　底国に気吹き放ちてむ

と文章は続きます。「気吹戸」の「気」は息と同じで、息を吹く所、そこにいらっしゃる神が気吹戸主神です。息をつかさどり、これを吹き出す神です。この神がすべての罪事を、根の国、底の国に吹き払って下さるという、息をつかさどる神の御徳が述べられています。人間は息一つで、人を生かすも殺すも出来るのです。

『古事記』には、天照大御神と素佐之男命が、剣珠の誓約《うけい》を結ばれた段に、「天照大御神が素佐之男命から十拳剣《とつかのつるぎ》を乞い受け、これを三つに折って天真名井《あめのまない》にふりそそいで洗い清め、さがみにかみくだかれて、ふっと息を霧の如くに吹き出されると、そこに多紀理毘賣命《たきりびめのみこと》、市寸嶋比賣命《いちきしまひめのみこと》、多岐都比《たぎつひ》賣命《めのみこと》という三女神が出現されました。次に素佐之男命が天照大御神の勾玉を乞い受け、天真名井にふりそそぎ、さがみにかみくだいて、息を吹き出されると、そこに天之忍穂耳命《あめのおしほみみのみこと》以下の五男神が生れた」とあります。

この「気吹の狭霧《さぎり》より神が成る」とは、神から頂いた本当の息を吹くならば、そこに神が出現されるということです。これが信仰上重要な点です。

この「息吹」を司られるのが、気吹戸主神です。天真名井の誓約で見られるように、真の息には、神の御標《みしるし》である物実《ものざね》を頂き、禊をした清い息で息吹くことが、必要条件になります。神の物実をさがみに噛むとは、神さまの御心を何度も咀嚼《そしゃく》する意で、神の御心がどこにあるかを、よく咀嚼し、呑み込み、自分のものにするという意味です。そこから出て来る息により、初めて本当のものが現われて来るのです。

息と言葉　息は何故大事か、息が人を生かす事はもとより、それと共に大切な一面は、息に人の意識が加わると、それが言葉となって出ます。即ち言葉の元には息があります。言葉を真実とするには、神の物実、「心」を清め、よくこれをかんで口から発したものが本当の言葉だといえます。神の御心は言葉によって伝えらます。真実の言葉により人は生かされるのです。言葉は大切にしなければなりません。

真実の言葉とは、神の心に照らして恥じない言葉を言います。一言で事の善悪可否を決定するのが言代主神《ことしろぬしのかみ》（事代主神）です。この神は「一言主神《ひとことぬしのかみ》」とも言われ、一言で神の心を正しく伝えられる神です。そして正しい言葉を使うように導かれるのが、その奥にいらっしゃる思金神《おもいかねのかみ》です。思金神の思謀りが、お言葉になって現われた時の姿が言代主神（一言主神）で、この二神は表裏一体であると言えます。

この思慮を言葉にし、息にするのが気吹戸主神ですが、世の中を正しく、大きくするためには、正しい息、強い息でなければ成就することは出来ません。「奮発する」「気合を入れる」という言葉がありますが、祖神の心をいただいて、一言、一息で、総てを決する修業が望まれます。

速佐須良比売　気吹戸主神の次に、速佐須良比売神《はやさすらひめのかみ》の働きが現れます。

此く気吹き放ちてば　根国　底国に坐す速佐須良比売と言ふ神　持ち佐須良ひ失ひてむ

根国、底国とは幽世のことです。そこにおられる速佐須良比売神は、罪穢を洗い流し、捨て去って下さる神です。この「佐須良比」という言葉の意味は、別の解釈として「サスル」（擦る）という意味があります。速佐須良比売神とは、悪いものをさすり磨擦し、その穢を落し、正しくする御神徳に対して名づけられた御神名であると考えます。即ち根国、底国に罪穢がやって来ると、それを再び美しい元の姿に磨き清めて下さる働きです。祓とは正しい姿にかえすことを目的としているのですから、そのように考えても良いわけです。

祓戸の神　そして大祓詞は、次の文章で結ばれます。

此く佐須良ひ失ひてば　罪と言ふ罪は在らじと　祓へ給ひ清め給ふ事を　天つ神　国つ神　八百万神等共に　聞こし食せと白す

この文章は「罪穢を流し去り、磨き清めるならば、あらゆる罪は消え去り、清められるように進んで努力します。故に神々もお聞き下さって、祓い清めに御力をお与え下さるように心からお祈り申上げます」との意味でしょう。

ここにいう「天つ神」「国つ神」「八百万神等」が、一般にいう祓戸の神に当ります。祓戸の神といえば、この大祓詞に出典する瀬織津比売、速開津比売、気吹戸主、速佐須良比売の四柱の神々と考えます。しかし「祓戸の神」とは、この四柱の神はもとより、天津神、国津神、八百万神等も皆な「大祓詞」に於いてお聞き願っているのですから、以上の全部をさすといってよいでしょう。言葉を換えれば、祓戸というのは、天地の神明に誓いを立て、祓い清めをする場所のことです。古い中臣祭文に「祓戸の八百万の御神達」とあるのは、これをいったものです。

大祓詞の要点三つ　大祓詞の大切な点、そして根本精神はどこにあるかについて述べてきました。もう一度、大祓詞の要点をまとめます。

第一は「神漏岐　神漏美の命以ちて」で始められている点です。御祖の神さまのお言葉、御心を第一に立てることです。われわれは祖神のお言葉と、お心持ちを頂くことを「御言持ち《みこともち》」と言います。そのお言葉のままに、生きてゆくことが神道の生命であると思っています。

第二は、この祖神の理想を、この国土の上に実現するために、祖神の心を心とせられたお方を国の御柱として立て、これを戴いて生きていくことを使命とします。国の御柱とは、天皇さまであり、天皇を中心に国家生活を営んで行くことが日本の国柄です。「吾が皇御孫命は　豊葦原水穂国を　安国と平けく知ろし食せと　事依さし奉りき」とあるように、祖神の心が、天皇の道によって継承され、則ち、神皇一体が国の基であり、神道の信仰的中枢となります。

第三は、天皇を戴いて、生きて行く国、また生きていく人々の上に、様々な枉事《まがこと》が現われて来るならば、この枉事をどのようにして祓い清めていくかということです。これは天つ宮事の祭りを執行し、また禊により身も心も清々しく、祓い清めた上で、天つ祝詞、即ち祖神のお言葉を申し、且つこれを心から戴くことによって、初めて枉事を祓い清めることが出来ます。これを行うのがいわゆる「まつり」です。以上「祖神の御言持《みこども》ち」と、天皇を戴くこと、それから禊祓によって、自分を清め、禍事を清める。この三つが大祓詞の根本の精神であり、これが日本神道の真髄となります。

大祓詞の中略

大祓詞の要約　大祓詞の根本精神をはずさないように要約して唱えようとする場合、どういう形式のものを用いたらよいか。こうした研究は、今から七百年くらい前の、鎌倉時代から江戸初期にかけて見られます。大祓詞の註釈書としては、昭和十六年、宮地直一博士、山本信哉博士、河野省三博士の編により刊行された『大祓詞註釈大成』が優れていることから、本書を参考に主要な要約方法として五通りを参考までに示します。

最要中臣祓（春日社家大東家本中臣祓）

高天原に神留す、皇親神漏岐神漏美の命を以て、八百万神等を神集に集賜ひ、皇御孫命をば豊葦原の水穂の国を、安国と平けく知食と事寄し奉き。如此寄し奉し国中に、荒振神達を、神問はしに問賜ひ、神掃に掃賜て、天津祝詞の太祝詞の事を以て宣れ。如此宣らば、罪と云罪、咎と云咎は不在物をと、秡賜ひ清賜ふ事を、科戸の風の天の八重雲を吹掃ふ事の如く、大津の辺に居る大船の舳綱解放ち、艫綱解放て、大海原に押放つ事の如く、彼方や繁木か本を、焼鎌の敏鎌を以て打掃事の如く、秡賜ひ清賜ふ事を、秡戸の八百万神達、左男鹿の八の耳を振立て聞食と申す。

右に載せられている要素は、「命以ちて」と、「天皇を立てる」こと、「天つ祝詞を宣る」ことです。即ち神と天皇とをいただき、神の言葉によって、自分を清めて行くことを要素としています。大祓詞の三分の一の量に要約されています。

最要中臣祓（神祇提要本）

高天原に神留坐す、皇親神漏岐神漏美の命を以て、八百万神等を神集に集賜ひ、吾皇御孫の命をば豊葦原の水穂の国を、安国と平けく知食と事寄し奉き。如此寄し奉し国中に荒振神達神問に問賜ひ、神掃に掃賜ひて、天津祝詞の太祝詞の事を以て宣れ。如此宣ば罪と云罪、咎と云咎は不在物をと、祓賜ひ清賜ふ事を、八百万の神達諸共に、左男鹿の八の御耳を振立て聞食と申す。

これも、「命以ちて」と、「天皇」、「天つ祝詞」の三つの要素を欠くことの出来ないものとしています。

最要祓（春日社家大東家本中臣祓）

高天原に神留す、皇親神漏岐神漏美の命を以て、天津祝詞の太祝詞の事を宣れ。如此宣らば、罪と云罪、咎と云咎は不在物をと、秡賜ひ清賜と申事の由を、八百万神等諸共に、左男鹿の八の耳を振立て所聞食と申す。

これは神のお言葉とこれを頂く自分との直接交渉だけになります。即ち祖神のお言葉である天つ祝詞を宣れば、穢は祓われるということになります。

最上祓（吉田家八部祓本）

高天原の天つ祝詞の太祝詞を持ちかがむ呑むでん。祓へ給ひ清め給ふ。

右は天つ祝詞だけを立て、これを本当に戴くことに重点を置います。

蒼生大祓（春日社家大東家本中臣祓）

天つ祝詞の太祝詞の事を以て、祓賜ひ清賜ふ。

蒼生大祓とは、国民の一人一人を救うための大祓という意味です。大祓の言葉を一行で言い切ってしまうのが特徴で、結局、一番最後までどうしても略すことの出来ないのは、「天つ祝詞の太祝詞事を宣る」という言葉で、ここに一番大事な点を見出しています。

以上が大祓詞の略し方の一例ですが、古来大祓詞を研究して来た人々の結論を申せば、神道の根本は、祖神のお言葉（御心）を常にいただき、これによって自らを反省し、これにより救われるという信仰です。更には此の祖神の御心を継承されている天皇に神習う人間になれということです。

禊祓詞　次に、この大祓の起源には、前述した通り二つあり、一つは伊邪那岐大神の禊祓と、もう一つは須佐之男命の高天原に於ける天津罪の祓です。

　禊祓の段の神言が、世にいう「禊祓詞」です。では、何時頃に成立したのかというと、原型となるものは、今から六百年くらい前の鎌倉時代末期、伊勢神宮で初めて認められます。現今のものとは大分、異なっています。南北朝時代の神宮祭主であった大中臣清世《おおなかとみのすがよ》伝本の「中臣祓」では、これを「悉《しっ》皆成就祓《かいじょうじゅはらえ》」と称しています。

天津神現賜　　天つ神現はれ給ひて
清御目見賜　　清き御目を見給へば
山河草木　　山河草木
皆本之神形也　　みなもと神の形なり

伊邪那岐大神が禊祓の時、御目を洗われた時、天照大御神の御出現を始め山川草木の物の出現のあったことを述べたもので、これらは神が御形をとって、世に現われたものであることを示したものです。そして、この言葉を唱えながら禊をせよと書いています。

　禊祓の詞は伊勢神宮を始め、白河家、吉田家等にも伝わっていますが、現在のような形にまとめられたのは平田篤胤先生であります。先生は、これらの古い言葉を集めて研究し『大祓太祝詞考』（『天津祝詞考』）という本を著わしました。この禊祓の詞をもって「天つ祝詞の太祝詞」であるとしたことは、先に述べた通りです。（五八頁参照）

明治の初めまでは、神社で禊祓の時にこの禊祓詞を唱えたのですが、同十年頃になって、更にこれを簡略にしたものが、現在行われている修祓に際しての「祓詞」です。

掛けまくも畏き伊邪那岐大神、筑紫の日向の橘の小戸の阿波岐原に、禊ぎ祓ひ給ひし時に成りませる祓戸の大神等、諸々の禍事罪穢有らむをば、祓へ給ひ清め給へと申す事を、聞こしめせと恐み恐みも白す。

この「祓詞」と「大祓詞」とを首尾一貫して唱えることにより、初めて、本当の祓ができるといえましょう。

祓の神歌

祓の信仰が昂まるにつれて、室町以降、いろいろな祓の神歌が生れます。

一、手水を使う時の言葉

祓へ立つる此処も高天原なれば祓ひ捨つるも荒磯の波

二、ぬさを取って修祓する時

榊葉に木綿《ゆふ》とりしでてうち祓ふ身には穢のきり雲もなし

三、祓戸における時

ぬさ立つる此処も高天原なれば集り給へ四方の神々

四、祓われた後の境地

神は月人の心はつゆなれや澄める処に影や宿さん

天地や月雪花の色香こそ天つ祝詞の太祝詞事

五、大祓の処々を歌にしたものに次のような神楽歌があります。

天つ風八重の雲路をふきわけて天降りませ天つ神々
山々のいほりいほりをかきわけて集り給へわが国の神
罪とがは雪霜共に消えてゆく晴れゆく空の雲の如くに
嵐吹く木の間の風の類ひなく向ふ悪魔を吹き払ふかな
天地の神のみいつの尊さに八十枉事をいでや祓はん

信仰の極致は歌になって現われ、大祓の精神に徹した時は、このように歌が口をついて出てくるのであります。

祓と鎮魂

禍津日の祓　最後に大祓詞の精神と神典の道すじをあわせ考えます。そして祓と鎮魂の関係、並びに神道信仰の極致は、鎮魂によって初めて得られるということを述べます。

神典の禊祓の段に、まず八十禍津日《やそまがつひ》、大禍津日《おおまがつひ》の神が現われ給うたとあります。これは鎮魂の修行をすると、この境地がよく理解出来ます。私の経験から鎮魂をしていても、なかなか無念無想の状態に至ることは難しく、一番気掛りなことなどが心に浮びでてきます。これが大禍津日であると思います。この一番いけない大禍津日からだんだん改めて、次から次へと八十禍津日を捨てつつ、清めて、然る後、本当の神ながらに生き、安心して暮せる境地になれるのです。

しかし、ただ悪いことをしない。悪に近づかないという姿勢は消極的でいけません。

直日の祓　「神の御言持ち」に生きる私たちは、積極的に良い行いをし、神の仕事に参画しなければなりません。これが直日です。神典に神直日《かんなおび》、大直日《おおなおび》が現われ給うたとあります。神直日、大直日を信仰的にみると、神直日は深くとぎすました鋭い心を、大直日は広さと大きな努力を現わしているともいえましょう。即ち神のもとに参上るには、鋭くとぎすました心で大きな努力する、即ち直日を戴き、この直日の心を振り起さねばなりません。

本居宣長先生は三十五年の歳月を費やし、『古事記伝』四十五巻を著わしました。そして『古事記』の精神は、この直毘の心を振り起こすにあるとし、『古事記伝』の総論に「直毘霊《なおびのみたま》」一巻を置かれたことからも、直毘の心を振り起こすことがいかに重要であるか、知ることができます。

伊豆能賣の祓

『古事記』の禊祓の段は、直日霊だけでその働きが完全に果たされるとはしていません。大直日神が出現された次に、伊豆能賣神《いづのめのかみ》が現われたと書かれています。この「イツノメの力」を我がものとしなければなりません。「いつの雄たけび」「いつのたかとも」や、天皇陛下の「大稜威《おおみいつ》」というように「イツ」とは、強烈、威烈の力の意味があります。私たちに内在する、この「イツの力」を振り起さねばなりません。この神の力があって、初めて直日の力を一層発揮することが出来ます。直日の努力、誠心だけでは足りません。誠心の中に強烈な意志の力を入れる必要があります。信仰の極致は、尊い稜威の力をいただき、これを振い起こすことにあるといえましょう。

経津の御魂

「稜威の力」は、前述した経津主神《ふつぬしのかみ》、建甕槌神《たけみかづちのかみ》の力と同様です。また神武天皇の東征に際して、国を平定するために天津神が天皇に贈った剣が「布都御魂《ふつのみたま》の剣」であり、平国《くにむけ》の太刀です。ここで言う「ふつ」とは、強い力のことです。また、「平国」とは、相手をこちらに向かせ、なびかせる意味です。「布都御魂の剣」には、総てのものを甦らせ、生き返らせる強い力があると言われています。記紀の伝承では、「布都御魂の剣」によって神武天皇を初め、全軍に力を与え窮地を救ったとの内容が記されています。今この剣は、奈良県天理市に鎮座する石上神宮の御神体となっています。

十種の神宝　布都の強い力を受けるための行事が、石上神宮の鎮魂です。

即ち『先代旧事本紀』を通して、祖神は十種の神宝、「沖津鏡《おきつかがみ》、辺津鏡《へつかがみ》、八握剣《やつかのつるぎ》、生玉《いくたま》、足玉《たるたま》、死返玉《まかるがえしのたま》、道返玉《ちがえしのたま》、蛇比礼《へびのひれ》、蜂比礼《はちのひれ》、品物之比礼《くさぐさのもののひれ》を以て、一二三四五六七八九十と唱へ、振へゆらゆらと振へ、かくせば、まかれる人も生きかへりなむものぞ。」と鎮魂の法を私たちに伝えています。この十種の神宝は、分類すると鏡、剣、玉と比礼との四つで、先の三つはいわゆる三種の神器と神徳を同じくします。そして比礼は祓の具です。「生玉」は人の精神を生き生きさせ、「足玉」は充足させます。「道反玉」は悪いものを追返す、即ち祓であり、「死返玉」は堕落せんとする魂をよみがえらせ、向上させる玉です。これが鎮魂の四魂です。これを戴くには、「振へゆらゆらと振へ」とある如く全身全霊を振い起こすことによって得られます。

ヘーゲルが提唱した弁証法でいえば、すべて物事は「正反合」と進んでいくように、動と静の調和の中に、ほんとうの姿が発見されるのであります。もえあがる躍動の中に、本当の動と静けさがあり調和が得られます。振り魂は動であり、しずめ魂は静です。古い禊祓詞に、「神々み勇み給ふ」とあり、神々を始め自分が躍動する時に、「稜威の力」が強く発揮し躍動するのです。祓い清めて、真澄の鏡に自分を映して自己を知り、剣によって強い力を得、円満具足の御魂を頂くことが肝要です。そして三種の神器に比礼の祓が加わり、神の力が現われるというのが鎮魂の信仰的目的です。

鎮魂八神　次に鎮魂八神を考えて見ます。かつて宮中には、天皇さまをお守り申し上げる為に「八神殿」がありました。応仁の乱以降、八神殿は吉田神社に祀られるようになり、明治以降は、宮中三殿の一つ「神殿」に継承されています。

さて八神の内、「産霊神《むすびのかみ》」は五神で、『延喜式』には、神魂《かみむすび》、高御魂《たかみむすび》、生魂《いくむすび》、足魂《たるむすび》、玉留魂《たまつめむすび》とあります。玉留魂は、魂を鎮め自己のうちに押しつめることで、鎮魂の境地を言ったものです。また体内にとりこんだ魂を強く高く、生かし充足した活動にさせるのが神魂、高御魂、生魂、足魂です。魂、即ち神の心を得たものにして、初めて神のお言葉が解ります。

次に大宮女《おおみやめ》の神は、御前の事をとりもちて、人と人との調和をはかり、また人の善し悪しを見定める神です。次の御膳魂《みけつたま》の神は食物の神です。人は食物によって生かされ、生成発展の力を得られますので、この神を大切にします。最後に辞代主《ことしろぬし》（事代主）の神が祭られていますが、言葉を司る神で、別名を一言主神ともいいます。『日本書紀』には、大国主命の国譲に際して、「わが父宜しく避《さ》り奉るべし」と、一言で判断されたのもこの辞代言神です。この神は、瞬時に判断する力をもっています。これら八神の神徳、境地を一身にうけ、体得するのが、鎮魂の極意だといえます。

思兼神　辞代主神に先行するのが思兼神《おもいかねのかみ》です。思兼神の思いはかりが言葉になって現われ、実行されることが大切です。この神は、記紀神話に於いて、主要な出来事に際して登場し、大切な判断を下されます。天の岩戸開きも、思兼神の思いはかりによったことを知るべきです。この神の御心をしっかりつかみ、理解しなければなりません。思兼神は言行一致の神です。そして思兼神の思いはかりを、言行によって示されたのが言代主命であり、手力男命《たぢからおのみこと》は、言葉を出さずに実行された神です。天児《あめのこ》屋命《やねのみこと》は祝詞を読み、言葉に出した神です。表には、手足になって働く実行する神々が現われ、その裏に思兼神がおられます。神社神道では、神主が皆、事代主命にならなければいけません。思兼神と事代主命の表裏一体が神道の真髄であるといえましょう。

鎮魂の究極は、事代主神の一言できまります。魂を鎮めて四魂を戴けるかどうかは、その裏の思兼神のみはかりによって決まります。これが思兼神の教え給うた道です。

そして信仰の最後は、この強い力を内に燃え上がらせ、天照大御神の大御光を受けることにあります。即ち祓を理解して、初めて本当に、天照大御神の御心が拝めるのです。

鎮魂と祓　神典には、大国主神《おおくにぬしのかみ》が国作りの中道で、少彦名神《すくなひこなのかみ》が常世の国に去られたので、茫然《ぼうぜん》自失《じしつ》してしまわれたとの記述があります。その時、遥か彼方から神光が海を照らし、我は汝命の奇魂《くしみたま》、幸《さき》魂《みたま》であると教えられ、ここに初めて大国主神は、本来の自分の魂を発見されたのです。これも「鎮《みたま》魂《しずめ》」の別の表現であったと見られます。

奇魂とはふしぎな強い力で、直日、いつのめと同じ働きです。幸魂とは、栄える、花を咲かせ光を発せしめる働きです。荒魂《あらみたま》と和魂《にぎみたま》とは、魂の動と静の表現です。

神典の道すじを考えるならば、本稿で述べて参りました「大祓詞の精神」「伊邪那岐神の禊祓の段」「鎮魂八神の宮中の祭り」「旧事本紀の布留祓《ふるのはらえ》」「大国主神の伝承」「三種の神器の教え」なども、皆、祓と鎮魂の道理に帰一します。祭祀とは信仰を仰ぐ道であり、ここに神道の本筋が見出されるのです。

項目索引（第二章）

第三章　講録　大祓詞と神社信仰

講録　大祓詞と神社信仰

人間は、日々の生活の中で様々な悩みを持ちます。家庭や友人、そして社会生活の中でも、多くの悩みに遭遇します。将来どうなってゆくのだろうか。自分の生活や、将来のことを考えれば考えるほど不安は絶えません。ある宗教雑誌社で、東京都下の大学生百名ほどに、問題を抱えているか質問したところ、最も大きな悩みは、自分自身の在り方に一番苦しんでいるという統計が出ました。この悩みは、恐らく学生に限ったことではないと思います。神職にしても、自分が毎日神さまの前へ出て奉仕はしているが、今の奉仕で本当に神さまの御心を慰めることができたであろうか。参詣者に対しても、遠方からいらした参詣の人々に今日の接遇で喜んでいただけただろうかなど、日々、反省をされている方も多いでしょう。自信を持てれば良いのですが、現状を肯定できる人は少ないと思います。私は、日々の反省を深め、これを解決する機縁の一つが大祓詞にあると考えます。

単に「祓詞」といわず、特に「大祓詞」というのは社会全体をくまなく清らかにすることを目的とするからです。人間は自分一人で生活しているのではありません。家へ帰れば、お父さん、お母さん、家族と一緒に生活しています。仕事に行っても、自分だけではありません。社会との関わりの中で働いています。私たちが暮らす社会は、自分だけが良くなったらそれで良いのではありません。全体が良くなるのでなければ、本当の美しい社会、国家、あるいは職場は生れてきません。こうした社会全体にまで理想を置き、全体を清めようとする悲願の下に、神さまからいただいた神拝詞が「大祓詞」です。大祓の「大」という字は、ただ形や物が大きいという意味の「大」ではありません。昔の言葉でいうならば「公」という意味です。「公」とは自分だけでなく、社会全体、国家全体のことを「公」といいます。この全体を清めてゆこうという理想と念願を置き行われる祓、これが大祓の目ざすところです。

大祓式は、昔から六月と十二月の二度に分けて行われて来ました。人間は反省すべき問題が多く、一個人として自己を見つめることは毎日でも出来ますが、国家全体として、国民が力をあわせて社会を清めてゆこうという機会は、一定の都合のよい時期を選ばなければなりません。

現在では一期を一年として勘定しますが、昔の人は一年を二つの時期に分けて考えていたようです。世俗的な表現として「盆と正月」の言葉をよく耳にします。盆と正月の時期に、それぞれの決算をするという習慣が昔からありました。こうした習慣も、一年を二つに分ける考え方の上に立っていたと考えられます。そこで六月の晦日と十二月の晦日に半年毎の祓を行ったのです。人々が、それまで犯したと思う事、またいけなかったと思うことを反省する機会が与えられたのです。これが年二回に分けて行われる大祓です。そして次の日からは、清められた自分であり、清められた国であるという強い自覚と不安のない気持とを持ち、新しい人生を切り開いてゆこうとするのが大祓式の目的です。

では、年二回祓ってもらったら、毎日祓わなくてもよいのかという考えが出てきます。朝、家を出てくる時に、神棚に手を合せて「今日一日まじめに勤めて参ります。神さまどうぞお守り下さい。」と願う人も少なくないと思います。そして晩に家へ帰り、寝る時には、今日の自分をふりかえる人も多いでしょう。終戦前、江田島の海軍兵学校に於いて、若い士官を養成する時、寝る前にベッドの上に座らせ、今日一日、自分はどういう生活をおくったかを毎晩反省させたといわれています。自分に照らし合せて考えても、私どもの毎日は、反省しなければならないことばかりです。私は、毎朝、大祓詞を奏上しますが、読み上げる意味は、今日も清く、正しく暮らそうとの考え方が根底となります。ですから毎日奏上しければ落ち着きません。

大祓詞は非常に美しく、荘厳な拝詞ですから気持よく唱えられます。そして、大祓詞の中にある深い意味を考えてみることも大切です。そこで大祓詞の心を一緒に考えてみたいと思います。

高天原に神留ります　皇親神漏岐　神漏美の命以ちて

前章でも述べましたが、吉田神道では大祓詞全文を十二段に別け、一年十二カ月を意識して、一月から十二月まで祓ってゆこうと考えました。

私たちは、神さまの大きな力で生まれ、生かされています。従って古典に伝承された神さまの言葉を大切に考えなければなりません。本来、神さまのお考えによって社会が成り立ち、国造りが行われて来ました。日本の国に於いて、国造りの中心となられるお方は天皇です。天皇さまは、神さまの御心を御心としたお方であればこそ、誰からも自然と尊び仰がれます。

この一文は、我が国では皇室を中心として、国家生活を営んでゆくのが最も正しいことであるということが示された文章です。具体的に「高天原に神留ります　皇親神漏岐　神漏美の命以ちて」とは、「高天原においでなる親神さまの御命令を以ちまして」と解されます。「神漏岐神漏美」が主語で、続いてこの神の「命以ちて」とは、「お言葉により」「御命令で」という意味です。

ここで大切なことは、神さまの御指示があったことです。神は、私たちが生きてゆく上で何も教えてくれないような不親切なお方ではありません。私たちが社会を営み、生きてゆく心構えを教えて下さいます。
「神漏岐神漏美」の神とは前章で述べたように、「神漏岐」が男の親神さまで「神漏美」は女の親神さまでです。当然のことですが、人は親から生れてきます。この親の元をずっとたどってゆくと、この親神さまに至ります。

では記紀神話にいう、どの神さまなのでしょうか。親神さまと称えられるには、三つの条件があります。一つが、「高天原に神留り坐す」とあるように、天つ神でなければなりません。高天原にいます神ということが第一条件です。二番目の条件は、「命以ちて」とあるように神勅をお出しになられている天つ神でなければ親神さまとは言えません。そして三番目が、実際の神社にお祀りされていることが親神さまの条件です。

『古事記』、そして『日本書紀』の一書には、「高御皇産霊神」「神皇産霊神」が最初に出現された神さまと記されています。この神は、「産霊《むすひ》」の働きをお持ちになり、物を産みなす力、生成化育の働きをされます。「ひ」とは、不思議な力を意味し、その力を「霊《ひ》」といいました。人間には成長する力が宿っていますが、この「伸びる力」は、産霊神のお蔭です。両親とは、子供を生んで伸し育ててゆきます。親神さまは、皆がすくすくと立派に育ち、力が発揮できるようにお考え下さっています。

その次の親神さまとは、「伊邪那岐、伊邪那美」の神です。この伊邪那岐、伊邪那美神とは、産霊神の力を実際に発揮される方で、お互いが誘い合い、手を取り合いあって、すべてのものをお産みになった神です。すなわち皆が結び合い、心身ともに一つとなり、新しいものを生み成す力をお持ちになる神です。そして伊邪那岐、伊邪那美神のお力をお受けになったのが天照大御神です。

天照大御神の御神徳はたくさんありますが、その中の一つが「むつまじき心を持ちて相許したもう」と『日本書紀』に見えるように「むつまじき心」、調和の働きを持つ神さまです。『日本書紀』には、「恩親之心《むつまじきこころ》」と記載されています。弟の須佐之男命《すさのおのみこと》が高天原で乱暴された時でも、それを常に「詔《の》り直し、見直し、聞き直し」されました。そして少しでも良くなるように、お咎《とが》めなさらなかったということが書かれています。天照大御神は、皆が大きな心をもち、手を取り合ってゆくことを教えているのです。

以上述べました神さまは、いずれも高天原の神であり、お言葉、所謂、神勅をおだしになっている親神さまです。そして現実の日本国土の上に於いて、神社にお祀りされている神です。天つ神の中でも、現実の祭りを受け、私たちを見守っていることが親神さまの第三の条件です。

この親神さまが最初に発せられたお言葉は、「此の漂《ただよ》える国を修理《つくり》固成《かためな》せ」というお言葉です。現代社会を見ても、未だ造り固めができていません。混沌とした側面を有しています。未だに漂っているのも同然です。神の御心とは、不安定のものに、安心、安定を与えることにあります。これが神さまの最大の念願です。

神の御心にかなう為には、私たちは心の造り固めをしてゆかなければなりません。自分の家庭、職場の造り固めも必要でしょう。これは親神さまの最大の念願であると同時に、私たちは、完成を目指して実行してゆかなければなりません。

また、人の力を伸すことも肝要です。明治天皇の御製に「罪あらば　われをとがめよ　天つ神　民はわが身の　生みし子なれば」の心の持ちです。明治天皇は、他人に罪や責任を転化せず、自分の心がけが悪いから罪が生まれる。国民に罪があるといって、国民の罪をとがめてはいけない。とがめるならば自分をとがめなさいという大御心は、親神さまの御心そのものです。大東亜戦争の敗戦に際しても、昭和天皇は「国民に罪はない。もしとがめるならば自分をとがめて欲しい。」と、マッカーサーに伝えたといわれます。この御心が親神さまから受け継がれた大御心であります。

この親神さまの御心を形容した言葉が、大祓詞では、「皇親《すめむつ》」という言葉です。現代では「すめらがむつ」と読んでいますが、古くは「すめむつ」と読みました。「すめらがむつ」と読むようになったのは、今から二百五十年位前からのことです。『延喜式祝詞』では、「皇親」に様々な漢字が当てられており、「皇睦」「皇吾睦」などがあります。この三字置いたものが「すめらあがむつ」で、早くいえば、「すめらがむつ」と読むようになったと思われます。また「睦」という一字でも間違いではありません。「睦」とは「むつまじく」の意味であり、明治天皇のは御名は「睦仁《むつひと》」と仰せられます。「むつ」には、親しくとの意味があり、親神さまは、人間がむつまじく生きてゆくことを望まれているのです。キリスト教では「愛」に当ります。皆が互いに愛し合ってゆくことです。仏教では「慈悲」に当ります。仏さまは慈悲を尊ぶと同じ意味です。神道の考え方には、漢字でいう慈悲とか愛とかいう言葉は使いませんが、国語では古くから「睦」という言葉で教えています。人々は仲好く、手を取り合って、助け合ってゆかなければいけないと、親神さまは教えられているのです。

次に「皇《すめ》」には、二つの意味があります。天皇のことを「スメラミコト」と申し上げます。この「皇《すめら》」とは、すべてのものを統《す》べ括《くく》ってゆくという解釈が一般的です。この解釈は、江戸期の国学者、賀茂《かもの》真淵《まぶち》が二百五十年ほど前に著わした『祝詞考』で紹介したのが初見です。真淵の弟子である本居宣長《もとおりのりなが》は、真淵の説を否定し、「神様を尊び申す言葉である」と言っています。「皇《すめ》」の言葉は、元来「澄《すめ》」であり、「水が澄む」、「月が澄む」、「心が澄む」の意味であると宣長はとなえます。神の御心は澄んでおり清らかな状態を現しているとの意です。心が動揺していては、心が澄んでいるとは言えません。

「皇」には、「澄」の意味があるのです。

漢字の「皇」の字は、現在では皇室関係以外には使いませんが、元来「大也」という意があります。

「皇」は、立派であり、神聖だというのが本来の意味です。そして神聖感を与えるものを、古くは「皇」といいました。それを別の言葉で言い現わすと、「清浄」という意になります。

神道は昔から清浄を尊ぶと言いますが、これは親神さまの御心が清浄をもって第一とするからです。「皇親」とは、「清く、正しく、睦まじく」あるようにという意味です。従って親神さまは、人間もまた、清く正しく睦まじくあるようにと願っているのです。

今までの神道の教えは「清浄と正直」と二つを重んじてきました。確かに神道の特質であるし、人間の心構えとしては、清く正直であらねばなりません。社会も清く正しくありたいと心がけることは大切です。しかし、それだけでは足りません。人間は一人で生活しているのではありませんから、皆で生活している以上、仲好く「睦」ということが大切な要素となります。大祓詞には、親神さまの形容詞として「皇」と「親」の二つの言葉がつけられているのです。

神道とは「神の道」です。道というのは実行しなければ道とはいえません。だから日本には「神教」

はありません。教ではなく、道を歩みながら実行してゆくことが大切です。そこで、神道を一口で言うと「清く、正しく、睦まじく、総べてのものを生かし、伸ばし育て、互いに助け合い、許し合って生きてゆく道」であると私は答えます。私たちは神の子孫であり、常に親神さまのお心持に神習うことが大切です。自分の行いが清く正しいか。皆に対して睦まじい気持を持っているか。生かし合い、許し合っているか。そういう気持になりきれた時に、私たちは本当の信仰に入れたといえます。

靖國神社の神さまは自己を忘れて、公《おおやけ》のために尽された方々です。これは自分を捨てて、皆の為に、大きな愛に生きることが、神社の信仰として大切です。信仰とは、神さまの御心のままに生き、そして実行してゆくことです。

思うに人間が教えるところの道と、神さまが教えるところの道の差とは、大きな差があります。人間道徳とは人が見ていれば善いことをするが、見てない時には悪いことをするかもしれない。時に、人のいるところでは互いに善いことを話すが、一歩外へ出ると、あの人はあんなことを言っていたなどと蔭口をたたく人がいます。また汚れた仕事を人にやらせて、自分では見て見ぬふりをする人など、このような態度では本当の道徳にはなりません。

神さまをいただいての道徳は、人が見ていなくても、神さまは見ているという生き方です。一人でいても、誰といても、どこでどんな生活をしようとも、自分が正しいと思うことだけしか言わないし行わない。こういう心構えを持つことです。この心構えを持つ者が、信仰に生きているかどうかの分れ目です。信仰の深い人の眼を見ると、信仰のほどがすぐにわかります。「眼は心の窓」とか「眼は口ほどにものを言う」と言われるように、心がやさしく澄んで落着いているならば、直ちに眼に現われてきます。

「高天原」とは、具体的に言えば天のことです。神さまの御心は、「清く、正しく、睦まじく」であることは前述した通りです。その神さまの鎮まる天も、当然、清く美しいところです。従って、この地上で神が鎮まる神社は高天原と同様に、清く、美しく、睦まじい心を起こさせる所でなければならないと私は考えます。神社に神さまがいらっしゃるか、いらっしゃらないかは、そこが清く睦まじい所であるかどうかによります。参拝者から、「このお宮はきれいなところだ。応対する人も親切だ。」と思っていただける神社でなければなりません。高天原は天だけでなく、神さまの御心にかなう場所こそ、神が鎮まるとの信念を持たなければなりません。

戦争の時、天皇陛下からいただいた軍旗を持って戦地に赴きました。その時、軍旗は天皇陛下の御心のこもったものとして、奉じて行ったのです。軍旗そのものは棒と布で出来ているかもしれません。しかし、天皇陛下の御稜威《みいつ》が宿っている、御心が宿っていると確信し戦地に赴きました。神さまとは、清い心で祈る人、心のこもった人のところに現われます。「正直の頭《こうべ》に神宿る」とはこのことです。自分の心、自分の家を高天原にしようとするならば、住む人の心を美しいものにすることによって可能となります。心の美しいところにこそ神さまは宿ります。美しいところが高天原であり、この国土も高天原と同様に清らかな所となることが、神の念願であり、私たちの念願でもあるのです。

八百万神等を　神集へに集へ賜ひ　神議りに議り賜ひて　我が皇御孫之命は　豊葦原水穂国を
安国と平けく知ろし食せと　事依さし奉りき

親神さまは、八百万の神々をお集めになり、御相談になって、どういうことをお決めになったかというと、皇孫、即ち御歴代の天皇さまに、「日本の国をみんなが安心して、平和に暮せる国としてそこを治めなさい」と御命令を下されました。

神さまの御心を、人間の社会生活、国家生活の上に実現してゆくのでなければ、神の御心を実現することにはなりません。美しい国造りを実現してゆくのには、神の御心を継承する人を立て、国民がその教え、行いを見習ってゆくことが大切です。中心のない社会とは、雑然と寄り集っているだけで統一がとれません。統一を取るためには中心が必要です。日本国では天皇さまが国の御柱です。天皇を国の中心としてお立てすることとは、親神さまが八百万神を集められ、相談して決められたことです。天皇が、自分が天皇になるのだといってお立ちになったとは伝えていません。大祓詞は、「神集へに集へ」また「神議りに議り」とあるように、何遍も熟議を重ねて、天皇を日本国の中心にお立ちになるお方であるとお定めになられたのです。

ならば天皇にどのような御命令を下されたのでしょうか。親神さまは二つの条件をお示しになりました。一つは「平らけく安らけく治めよ」ということです。「平らか」とは、傾いていない状態です。右へ傾いても左へ傾いてもいけないということです。「安らけく」とは、皆が安心して暮らせる社会、平和国家を作ることを理想とされました。

それからもう一つの条件は「知ろし食す」ということです。天皇陛下の御行動は、昔から「知ろしめす」「見そなわす」「聞こしめす」の態度で、日本の国を治めると言われます。「御覧あそばされ」「聞いていらっしゃる」「見ていらっしゃる」という意味で、天皇御自身で政治をすることを祖神は決してお定めになっていません。この三つの御態度をとるお方でいるように御命令になりました。

昔から政治を執ることを「政事《まつりごと》」といいますが、政事の「まつり」という言葉は「仕えまつる」の意からきています。「おろがみまつる」「たてまつる」というように、下の方から上の方に敬虔《けいけん》な態度をとることをいいます。「まつり」とは、上のものに対して下のものがお仕え申し上げる態度であり、神さまに対して真心を捧げるという意味です。

天皇陛下が執り行われる「まつりごと」とはなんでしょうか。実際に陛下は誰にお仕えしているのかを考えると、それは御先祖の神々です。祖神の御心にかなっているか、いないかということを常に御反省あそばされることが、天皇陛下の「まつりごと」です。皇居には賢所、皇霊殿、神殿という三殿がお祀りされています。中央の賢所には、祖神であります天照大御神がお祀りされています。賢所に向かって右が神殿で天神地祇を、左が皇霊殿で、御歴代皇室の御霊をお祀りしています。そして毎朝、宮中三殿で敬虔なお祭りが行われています。天皇陛下の最も大切なおつとめは、神さまの御心を御自身の御心とされることです。御自分で政治をお執りになり、橋がこわれているから直せとか、道路を直せとかいうようなことは、天皇さまの仕事ではありません。それは昔から、国民の仕事です。

国民のまつりごとと、天皇のまつりごととは根本的に異なります。そして国民のまつりごととは、常に天皇陛下の御心を仰ぎ奉り、仕え奉ることです。陛下御自身は、よく考え、御覧あそばされていることが天皇のまつりごととなります。

このように親神さまは、平和な国家を作ることと、天皇陛下が親神さまの御心を継承し「知食《しろしめ》す」

態度をとられることを念願されたのです。

天皇さまが即位される時は、様々な儀式が行われます。その第一は、三種の神器を継承されることです。即ち鏡、剣、玉です。この神器は、御祖先の天照大御神から授けられてきたものです。従ってこれを継承するとは、親神たる天照大御神の御心をお継ぎあそばされることを意味します。そして次に高御座《たかみくら》にお上りになります。高御座の「くら」とは、「位《くらい》」または位置という意味です。御歴代の天皇さまと同様の位置につくことです。それは天照大御神の御心をお継ぎになることです。そして大嘗祭《だいじょうさい》が斎行されます。大嘗祭は、天皇自ら、親神さまである天照大御神を始め天神地祇をお祀り申し上げて、神の御心をお継ぎあそばされ、お誓いを立てるお祭りです。

昔から「陛下には私《わたくし》がない」といわれます。自分がないとは、公平無私の人との意です。外国の皇帝は戦争で負けると自分の命乞いをします。国外に逃亡する者もいます。しかし日本の天皇は、自分自身よりも国民、国土を最も大切にされます。自分は皇帝で、お前たちは臣下であると国民を見下ろされるような天皇は、歴代一人もいません。これが公平無私であり、自分というものをお捨てになっている証拠です。

そして陛下は、大嘗祭の後、第一に行幸されるのが伊勢の神宮です。御参拝に際しまして、「自分が今度天皇の位に即いたが、御祖先である天照大御神さまの御心に対して恥しくない天皇となってゆきたい。」というお誓いをお立てになります。天皇が天皇になるための御儀式は、神さまの御心を継承し、公平無私な人になることです。大祓詞にいう「皇親神漏岐　神漏美の命以ちて」の一文には、陛下としての姿勢、国の在り方が込められているのです。

此く依さし奉りし国中に　荒振る神等をば　神問はしに問はし賜ひ　神掃ひに掃ひ賜ひて

この文章の冒頭には、国の中を見ると荒ぶる神たちがたくさんいると述べています。建国当時のことを伝える記述ですが、現在でも、多くの人が不平不満を持って生きています。今でも荒ぶる神と同じように喧嘩をする乱暴者や強盗をする者、悪事をする者が多くいます。これでは本当の美しい、平和な社会は築けません。荒ぶる者を和める必要があります。その方法が、「神問はしに問はし賜ひ　神掃ひに掃ひて」です。「神問はしに問は」すとは、神の心で問いかけることです。「貴方は、どうして不平を持っているのか。何をそんなに悩んでいるのか。」と聞くことです。疑問や悩みが解決すれば心は和みます。これが「神問はしに問はし賜ひ　神掃ひに掃ひ賜ひて」ということです。

祓いとは、正しい姿を実現してゆくことです。また正しい姿に帰ることも祓いです。「神問はしに問はす」とは、問題の原因が何であるのかを考えて深く反省し、自分の心に聞き直してゆくことが祓いとなります。ただ問うだけでなく、「神問はし」といっているのは神さまの御心、神の鏡に照らして問うという意味です。自分は、清く正しい睦まじい心を持っているか、ということを常に念頭に置き反省する姿勢が肝要です。

語問ひし磐根　樹根立　草の片葉をも語止めて　天の磐座放ち　天の八重雲を　伊頭の千別きに千別きて　天降し依さし奉りき

「磐や樹、草もぶつぶつと言っている」で始まる文章です。「磐根」を例に考えてみましょう。大きな岩を道路の真中に置いた場合、通行する人から邪魔だといわれ蹴飛ばされます。しかし庭にきちんと置いたならば立派な庭石ですねとほめられます。置き場所をきちんと与えることにより、物自体が生かされるのです。樹も草も同様です。仮に、日蔭に樹や稲を植えたならば育ちません。日のあたる場所に移せばすくすくと成長します。「語止めて」とは、岩や樹木などの自然物も、その持てる姿を正しく伸ばしてやることにより問題が解決するという意味です。

人間だけが正しければ良いというのではありません。万物は、神がお生みになったものです。神の御恵みに従い、その本性によって正しく伸してあげる必要があります。人間界も自然界も、すべてのものが清浄となり、正しく成長する時、天皇さまは親神さまの御心をお受けになり御位にお即きになりましたとの意味です。

「天の磐座放ち」の磐座とは、古代、山や島などの清浄な場所にある磐を御神座として神さまをお祀りしました。それを磐座といいます。天皇の御先祖が、高天原の神座から放れて親神さまの御心を頂いて地上に天降られたこと意味します。

此く依さし奉りし四方の国中と　大倭日高見国を安国と定め奉りて

大倭日高見国とは、今の奈良県磯城郡の地方一帯を指したものです。この付近を中心として天皇さまは国をお立てになりました。日本国の根本は大倭の地方から始まったことを伝えています。この大倭日高見国とは、日が高々と見える。すなわち天皇は天照大御神の御心を仰ぎ、お受けになっていますから日高見国と称したのです。大祓詞では、天皇さまが安らかな平和な国としてお治めになる根本を定めたことを伝えています。

下つ磐根に宮柱太敷き立て　高天原に千木高知りて　皇御孫命の瑞の御殿仕へ奉りて

この文章は、宮殿をお建てになるのに、土中の石を土台にして、その上に柱を太々とお建てになり、屋根の上には、千木を高々とそびえている状態を伝えています。信仰的には、「千木」の一文は天津神を、「下つ磐根」の一文は、国つ神に通ずるような御殿を建てたということです。これは親神さまの御心を受けて、天皇陛下の御殿をりっぱにお造りになったという意味です。

天の御蔭　日の御蔭と隠り坐して

これは強い太陽の光線を避ける意味ですが、信仰的には、天照大御神のお蔭を受けて、その中に入られている状態を意味します。

安国と平けく知ろし食さむ国中に成り出でむ天益人等が

平和な社会の中で多くの国民が生れてくる状態を現しています。「天の益人」とは、いよいよ盛んに生れてくるから「益」といいます。人間の発展を祝福した言葉です。

過ち犯しけむ種種の罪事は

過ちとは、混乱した状態です。犯すとは、ある場所から他にはみ出してゆくことを意味し、侵入とか侵略と同じ意味です。人間は一定の場所にいれば良いのですが、出過ぎてはいけません。一定の秩序が破られ混乱した状態で過ちが生まれます。そしてたくさんの罪が生じます。

天津罪　国津罪　許許太久の罪出でむ

罪を大きく分けると天つ罪と国つ罪との二つがあります。天つ罪とは、原本によると、人間の生きて行く上で大切な五穀の生産を阻害する罪（畔放《あはなち》、溝埋《みぞうめ》、樋放《ひはなち》）、食糧を横領する罪（頻蒔《しきまき》、串刺《くしさし》）、神聖を犯す罪（屎戸《くそへ》）、人畜を殺傷するが如き罪（生剥《いきはぎ》、逆剥《さかはぎ》）を指します。国つ罪というのは、この世の人間社会の不幸災厄、人間の道に反した行為をすること等を指しています。言葉を換えていえば神さまの恵み、生命に対して申しわけないと思う罪が天つ罪です。私どもが生活をおくる上で、お互い同士がしてはならないところの罪が国つ罪であると考えます。

此く出でば　天つ宮事以ちて　天つ金木を本打ち切り　末打ち断ちて　千座の置座に置き足らはして　天つ菅麻を本刈り断ち　末刈り切りて　八針に取り辟きて　天つ祝詞の太祝詞事を宣れ

この罪を祓う方法がこの一文に語られています。「天つ宮事」とは、親神さまの教えをもちてという意味です。その教えが「天つ金木」以下の文章です。この木は椙《しもと》、或は梼《こうぞ》の木で、昔は皮をはいで紙を作り、御幣などを作る原材料とした木です。その「天つ金木の」根元と、先の方を打ち切り真中の良いところを「千座の置座」といって、机の上にたくさん積んだとの意味合いです。同様に「天つ菅麻」は、菅や麻の本を断ち、末を断って、真中をとって八つに裂くと続きます。そして次に「天つ祝詞の太祝詞事を宣れ」というのです。

菅麻、金木を置くとは「祓物《はらえつもの》」を出すことです。祓物というのは、罪の贖《あがな》い物を出すとの意味です。罪の償いをするには二つの方法があり、言葉で謝罪して償いをすることと、実行の上で罪の償いをすることです。自分を省みて悪かったと思ったら言葉であやまります。謝罪をしたならば二度と悪いことをしないように、行動により行為を改め、罪の償いをしてゆかなければなりません。
先生に非常にお世話になったり、また親戚にお世話になったりした時、これはほんのお志しですといって贈答品を送りします。意志があれば、形や実行に現われてきます。罪の償いも同様で祓物、贖《つぐな》い物を出すことが記されています。

「天つ祝詞」とは、天つ神の仰せらになられる立派なお言葉の意味です。「宣る」とは、宣言する、宣布するの意味で「言う」とは異なります。「宣る」とは、強く、広く大きく言う意です。従って強い意志で言わなければなりません。「祝詞」といえば、現在では神職が神さまに奏上する言葉のように思われていますが、元来は神様の御言葉でなければなりません。神に対して、誓いの言葉を申上げるのが現在の祝詞です。

此く宣らば　天つ神は天の磐門を押し披きて　天の八重雲を伊頭の千別に　千別きて聞こし食さむ

このように、神さまのお言葉通りにするならば、親神さま、とりわけ天照大御神さまは、御殿を開けて、雲がたくさんあっても、それをかき別けてお聞きとり下さるとの意味です。

国つ神は高山の末　短山の末に上り坐して　高山の伊褒理　短山の伊褒理を掻き別けて聞こし食さむ

ここにいう高い山や低い山の伊褒理とは、朝夕の靄《もや》がたったり、御飯を炊く釜戸の煙がたなびく様子の中で、そこをかき別けて、聞こしめして下さるでしょうとの意味です。

自己を省みて、悪いところが分かり、神さまの御心通りに実行するならば、必ず神は聞き届けて下さることを言ったものです。神さまは、必ず私たちの願いを聞いて下さるということを、信じて疑わないのが信仰です。

此く聞食してば　罪と言ふ罪は在らじと　科戸の風の天の八重雲を吹き放つ事の如く　朝の御霧夕の御霧を　朝風夕風の吹き払ふ事の如く

人は、そういう気持になった時、すべての汚れというものは消えてゆくとの意味です。そして、科戸の「科」は、風のことです。罪穢の祓われるさまは、ちょうど風によって、八重雲や霧がはらわれるのと同じだというのです。人々は、朝から晩まで様々な過ちを犯します。この一文は、朝の過ちは朝、夕の過ちは夕に、直ちに改めることが必要だと語られています。

大津辺に居る大船を　舳解き放ち　艫解き放ちて　大海原に押し放つ事の如く

大津とは、大きな港のことです。船は、港に艫綱《ともづな》をかけた状態では船の役目を果たしません。綱を解き放ち、押し出してこそ初めて大海原に浮び、自由に航海することが出来ます。信仰は、自分の心に映しながら解釈する必要があります。港につなぐ綱を放つということは、人生でいえば執着を断つことです。人の世はいろいろなことに捉われていると前に進みません。

両親任せで生きていると、親はやがて年老いて亡くなります。親が子供を溺愛しても、いずれ親は先立ってゆきます。永遠に変らないのは神さまの御心だけです。神から生れ出たものは、結局、神に帰って行くことを考えれば、永遠の頼みは神だけだと言えましょう。すべては神さまの御心に適う人となる。これが本来の姿です。

彼方の繁木が本を　焼鎌の敏鎌以ちて　打ち掃ふ事の如く　残る罪はあらじと　祓へ給ひ清め給ふ事を

樹木が繁っていると前方が見えず、焼きを入れた敏鎌をもって打ちはらうならば、きれいに向うが見えてくるとの意味です。思えば私たちは、様々な難問の渦中に巻きこまれることがあります。自分の家庭や職場、社会の様々な問題が、繁木の中に立ち込められている状況と同じです。従って本当の姿、この先が見えてこない状況に陥ります。自分のことだけしか考えなければ、周りが益々見えなくなってゆきます。自分というものを離れて考えなければなりません。これが「繁木の本を断ち切る」という意味です。

それには「焼鎌の敏鎌」で打ち祓えと教えています。充分に焼きを入れた鋭い鎌で、断固として打ち切れというのです。本当の信仰に徹した気持で、物事を見つめて行くならば、やがて闇が晴れ、真実の姿が見えてくるとの意です。

自分自身を省みて、日に日に新たにして、神の御前に仕えようとするならば、私心を離れ、全体に奉仕するという気持を持たなければなりません。その為には「焼鎌の敏鎌以ちて打ち掃ふ事の如く」

一大決心をもって断行したとき、初めて「残る罪は在らじ」の境地に到達するのです。問題が生じたら真摯に向き合うことにより、問題は解決の方向に向ってゆくということです。

高山の末　短山の末より　佐久那太理に落ち多岐つ　速川の瀬に坐す瀬織津比売と言ふ神　大海原に持ち出でなむ

即ち高山、短山の頂から落ちてきて、湍《たぎ》って流れる早川の瀬におられる瀬織津比売神《せおりつひめのかみ》が、その罪穢を大海原に流し去って下さるでしょうとの意味です。この神さまは、すべての罪穢を流し祓う力と意志をお持ちです。瀬で流すということは、浅瀬で石が磨かれるように、すべてのものを磨き清める意味です。人生はお互いに磨き合うことにより、初めて練磨されて来るわけです。

此く持ち出で往なば　荒潮の潮の八百道の八潮道の潮の八百会に坐す速開都比売と言ふ神　持ち加加呑みてむ

このようにして大海原に流し去られた罪穢は、荒潮が押し寄せ、ぶつかり合い、禍を巻いているところにおられる速開都比売神《はやあきつひめのかみ》が、全部呑み込んでくれるとの意味です。速開都比売の「速」は速いという意味です。「開都」とは、大きな口をあけてすべての罪穢をがぶがぶとお呑み下さるということです。人間は大きな度量をもって、人の過ちををとがめず、それを呑み込むことが出来る人間になることも、祓いにとって重要です。

此く加加呑みてば　気吹戸に坐す気吹戸主と言ふ神　根国　底国に気吹き放ちてむ

このようにして罪穢を呑みこんで下さると、息を吹き出す所におられる気吹戸主神《いぶきどぬしのかみ》さまが、罪穢をさらに地下の根国底国に吹き去って下さるでしょうとの意味です。

前章で「息」とは、生命の根源であることを述べました。息をしなくなったら人間は死んでしまいます。正しく生きていくためには、正しい息をすることです。これが正息です。ところが、人は正しい息をすることは困難です。それは正しい息は正しい心から出るからです。正しい心とは神さまと同じ心とならなければなりません。

別の角度から息が大切な働きをするわけを説明します。息に意志が加わって、歯や顎に当り発する音響が「言葉」です。息と言葉とは一体です。言葉は息に自分の意志が盛られたものです。正しい言葉が言えるか言えないかは、正しい神の心に適った意志を持っているか、いないかによって定まります。神さまの御心に到達しているならば、その人の話す言葉は神の御心に叶った言葉となります。そういう意味において、自分の息を正しくするには、神からいただいた息、神の御心を正しく、自分のものとする必要があります。

此く気吹き放ちてば　根国　底国に坐す速佐須良比売と言ふ神　持ち佐須良ひ失ひてむ

このようにして気吹きを放つならば、地下深い根国、底国におられる速佐須良比売神《はやさすらひめのかみ》が、さすらいの旅に出られるように、きれいにお清めをして下さるとの意味です。前章でも解説したように「サスル」には「摩擦する」の意があると考えられます。人々をさすり、磨きあげることにより、正しい身心に立ちかえらせることが述べられています。祓とは正しい姿に立ちかえらせることに主眼点があるのです。

此く佐須良ひ失ひてば（今日より始めて）罪といふ罪は在らじと　祓へ給ひ清め給ふ事を　天つ神　国津神　八百万神等共に　聞こし食せと白す

これが結びです。以上のような心がまえをもって祓い清めるとき、必ず神々が御照覧下さり、あらゆる罪穢は祓い去ることが出来るという意味です。また「中臣祭文」など大祓詞の古い形には、「此く佐須良ひ失ひてば」の次に「今日より始めて」の一文が入ります。「今日より始めて」とは、人間がこのように決心した時、その時から直ちに救われたものになるという信仰を言ったものです。このように致しますから、どうぞ天つ神、国つ神、八百万神さま、お聞きとり下さいとの誓いの文章で大祓詞は結びます。この誓いを自分も致しますので、何卒お導きをいただきたいと願うことにより、祓えの信仰はいよいよ深められてゆきます。

大祓詞は、「皇親神漏岐　神漏美の命」即ち親神さまの御言葉を第一とし、その御言葉を聞き、その御心に成り切ることを信仰の要点とします。そして「天つ祝詞の太祝詞事を宣れ」とは、親神さまの御言葉を大切にすべきであるという意味です。親神さまの御教え、御心とは、最初にも申しましたように、スメムツの道であり、スメとは「清く、正しく」すること、ムツとは「睦まじく」することです。親神さまの道はあらゆる面にわたって、「清く、正しく、睦じく」あるようにということを教えています。こうした気持ちで、すべてのものを「生かし、伸ばし、育て、また万事につけて許し合い、助け合う。」身の処し方を徹底させて行くことが大切です。眼に見えない神に向っても恥ずかしくない自分を築き上げて行くことが信仰です。こうした心境、態度をとれる人間となり得た者が、初めて神の御心を知り得た者と言えましょう。

人としての心構えが正しければ、明日といわず、今日から直ちに「大祓詞」の心を心として、日々の生活を大切に過ごして下さい。自身を顧みる心こそが、本稿で述べた大祓詞が伝える信仰の根本であり、この信仰があなたの人生に新たな眼を開らかせてゆくでしょう。

わが心清め清めてよく見ればまことは神も我が心なり（世の中百首）
ものごとにおごる心を祓ひみばいづれの神かさはりあるべき（吉田兼邦百首歌抄）
罪咎は雪霜ともに消えてゆく晴れゆく空の雲の如くに（鎌倉神楽次第）
何事も神にまかする我が身とぞ思ふ心の罪咎もなし（中臣祓清明抄）
天地の神のやどれる心をば必ず常にいたましむるな（中臣祓清明抄）

（終）

編集後記

本書の執筆者である岡田米夫先生は、昭和二十年、当時官立であった神宮皇學館大學の助教授から、神祇院考証官として転出された。以後、大東亜戦争終戦、続いてＧＨＱが発した「神道指令」により神祇院が解体されるまで、戦時、占領下の混乱の中で神社行政の在り方を学術的に検証する考証官としての重責を担われた。そして神社本庁の設立に参画され、昭和五十一年の退職に至るまで、神社本庁の調査研究分野の基層を築かれた重鎮のお一人といえる。

本書の旧版は、『大祓詞の解釈と信仰』の題名で、昭和三十七年に新宿区に所在した「国民神道社」より刊行され、その後、諸般の経緯により版元を神社新報社に移して二十六版を重ねた書籍である。今般、『大祓詞の解釈と信仰』を改訂する企画が持ち上がり、その作業を神社新報社内の調査室が担当することとなった。戦後神社界に於ける岡田米夫の功績には顕著なものがあり、その後継として活躍された酒井逸雄元神宮少宮司は、岡田を評して「学者として教育者として、又純粋無垢、類稀な敬神家」と称されている。そして今回、改訂作業を通じて、その人柄が沁々と伝わってきた。

或る意味、本書の旧版である『大祓詞の解釈と信仰』は、岡田米夫先生御自身の信仰の結晶のような著作である。先生が生前に目を通され、刊行した著作であることから、改訂作業をどこまで進めて良いのか、そのガイドラインを判断すること自体、非常に窮したのが実情である。特に「天津祝詞の太祝詞事」の解釈に関して、現在の研究成果では青木紀元氏を筆頭に、宣長の解釈が支持されている。具体的に言えば「天津祝詞の太祝詞事」は、大祓詞自体を指すものであり、「宣れ」から「此如宣らば」の間に、本来、秘文は存在しないとする説が定着しつつある。これに対して本書は、先生の信仰を背景に「天津祝詞の太祝詞事」の重要性が熱く語られている。

現在の学会の動向も配慮すべきではあるが、改訂作業に従事した者として、学会の意見は、文献学的な見地に立っての学術的成果であり、本文でも岡田先生が心から語りかける「信仰的」な問いを熟慮した場合、本書の主要部分を占める天津祝詞等に関する考証と神学的な視点は、信仰心が揺らぐ現代社会に於いて、意義深い内容であると判断した。また先生が詳細に語られている「天津祝詞の太祝詞事」の解釈は、中世以降、多くの神道家が課題とした点であり、信仰の実践対象であったことも看過することは出来ないと考えた次第である。以上のことから、先生の御意思は尊重すべきであり、「天津祝詞の太祝詞事」に関する記述は、文章表現を改める程度に留めた。

また旧版は、岡田米夫先生の「はしがき」にも書かれているように、各章ごと異なった背景により執筆、講録されたことから独立性が高い。従って内容が重複する記述も多いことから、この点については読み易さを配慮し整理することを心掛けた。

本書では、信仰と実践について、その重要性が説かれている。岡田先生が、実際に深く関与した神社本庁の施策として、昭和二十九年より石上神宮で開催している錬成研修がある。この研修は、石上神宮が伝承する「鎮魂」と「禊」を組み合わせた内容であり、以前、森正光宮司より、岡田先生が当時の青山重香宮司（昭和四十七年帰幽）に三顧の礼を尽くして実現したものであると伺った。秘伝とされていた「鎮魂」の作法を全国の神職に習得させ、敗戦後の祖国復興に向けて、地域社会を牽引する神職の精神鍛練と信仰心醸成を目的とするものであった。正しく岡田米夫先生の信仰心を背景に成立した研修と言っても過言ではなく、開催当初は、朝夕の禊、長時間の神拝行事と鎮魂を一週間以上にも及んだ。そして日中は、先生御自身による大祓詞と記紀の講読が連日行われた。本書の第一章は、本研修会での講義用研究資料が土台となり構成されたものと思われる。

さて、旧版の『大祓詞の解釈と信仰』は、昭和三十七年七月に初版が刊行され、本年で二十六版を重ね、延べ三万人以上もの方々に購読戴いた。そして今般、書名を『大祓詞の心』と改め、副題を「大祓詞の信仰と解釈」として改訂版を発行することとした。書名を変更した理由は、前述したように改訂作業を通して、本書の性格は岡田米夫先生の大祓詞への真摯な信仰心が全面に現われた著作であることから、「信仰の心」を広く伝えたいとの思いから書名を『大祓詞の心』とさせて戴いた次第である。

改訂作業を通して、岡田米夫先生から直接御指導戴くことも適わず、先生に御教示賜った先輩諸兄も数少ないことから御意見を伺うことが出来なかった。従って、旧版の文脈を勘案しつつ、極力、先生の御意志を尊重、問いながら、各文章の確認作業を進めていったが、果たして本書が先生の意に適ったものであるのか、一抹の不安がよぎる。

尚、本書の冒頭の「大祓詞」は、旧版同様、神社本庁が神拝用として使用する「大祓詞」を掲載してゐる。茲に本書の改訂を先生の御霊に御報告申し上げるとともに、旧版以上に多くの方々の一助となることを心より念願する。

平成二十五年七月一日

神社新報社調査室

岡《おか》田《だ》米《よね》夫《お》先生の略歴

元神社本庁教学研究室長。東京都出身。

明治41年（1908）4月5日生。

昭和5年神宮皇學館本科卒。

昭和5年、神宮文庫司書となり、神宮皇學館普通科教諭。17年には神宮皇學館大学専門部助教授となる。昭和20年神祇院考証官に転任。神祇院の解体とともに神社本庁設立に参画し、昭和21年から51年の退職までの間、調査部長、教学研究室長を歴任。退職後は神社本庁講師、教学委員として神社神道の教学興隆に尽力した。

主な著書に『全国神社祭神御神徳記』『大祓詞の解釈と信仰』『神道文献概説』、没後に刊行された『岡田米夫先生　神道論集』などがある。また大神宮史編纂をはじめ、『播磨国式内社海神社史』など多数の神社史編纂にも従事する。

昭和55年（1980）2月9日逝去。葬儀は、神社本庁総長の職にあった熱田神宮篠田康雄宮司が葬儀委員長となり斎行された。

大祓詞の心　大祓詞の解釈と信仰

初版発行　昭和三十七年七月　一日
改訂発行　平成二十五年八月十五日
改訂三版　令和　三　年九月　一日

著　者　岡田　米夫
発行者　神社新報社
東京都渋谷区代々木一―一―二
印刷所　三報社印刷株式会社
東京都江東区亀戸七―二―十二